Josef Broich

Entspannungsspiele

über einhundert Gruppenspiele
zu Ruhe, Bewegung, Stille

MATERNUS

Die Deutsche Bibliothek - CIP-Einheitsaufnahme

Broich, Josef:
Entspannungsspiele : über einhundert Gruppenspiele zu Ruhe, Bewegung,
Stille / Josef Broich. - 1. Aufl. - Köln : Maternus, 1998
ISBN 3-88735-015-4

1. Auflage 1998

© 1998 by Josef Broich / Maternus Verlag, Köln
Maternus Buchhandel und Verlag GmbH & Co KG
Severinstr. 76, D-50678 Köln
Printed in Germany 1998

Redaktion: Birgit Kühnen, Köln
Gesamtherstellung: Fuldaer Verlagsanstalt GmbH, Fulda
Umschlagfoto: Bernhard Schaub, Köln
Kein Teil des Werkes darf ohne schriftliche Genehmigung des Verlages re-
produziert, gespeichert oder mit akustischen, visuellen und elektronischen
Systemen verarbeitet werden.
Alle Rechte vorbehalten.

ISBN 3-88735-015-4

SIMONE ERBIG
Weidenau 4 b
86316 Friedberg/St. Afra
Tel. 0821 - 262 98 27

Übersicht

Einführung   9
Spieleinsatz 9, Hinweise für den Spielleiter 10

Erstes Kapitel: Spiele zum Einstieg   11
Zum Spieleinsatz 12, Armspannung *Grundform* 13, Armspannung *Variation* 14, Puppengruß 15, Platzeinnahme 15, Geheimgruß 16, Kreisen 17, Morgenräkeln 18, Wanddrücken 19, Gruppeneinstieg 20, Raumkörper 22, Körperlüften 23, Begrüßungsgeschenk 24

Zweites Kapitel: Atem- und Ruhespiele   25
Zum Spieleinsatz 26, Aufwachen 27, Liegekreis 27, Öffnen 28, Pendelatmung *Grundform* 29, Pendelatmung *Aufbauform* 29, Körperentspannung 30, Muskelspannung 32, Fingerkreisen 34

Drittes Kapitel: Bewegen und ankommen   35
Zum Spieleinsatz 36, Schütteln 37, Bewegungsgegensätze *Grundform* 38, Bewegungsgegensätze *Aufbauform* 39, Comic 40, Rückendrücken 41, Partnerdrücken *Grundform* 41, Partnerdrücken *Variation* 42, Partnerdrücken *Aufbauform* 42, Blitzschnell 43, Bodenstrecken 44, Bodenflug 45, Detektiv 46

Viertes Kapitel: Bewegen und trauen 47

Zum Spieleinsatz 48, Fallkerze 49, Gleichgewicht 49, Fallenlassen 50, Krabbelgruppe 51, Getragen werden 52, Zeitlupe 53, Paarspiegel 54, Aufstehen zu zweit 55, Aufstehen im Kreis 55, Kniemorsen 56

Fünftes Kapitel: Spielen und hören 57

Zum Spieleinsatz 58, Satzbotschaft 59, Echo 60, Tonfunk 61, Kauen und summen 62, Rhythmusgehen 63, Was hörst du? 64

Sechstes Kapitel: Spielen und fühlen 65

Zum Spieleinsatz 66, Körperreise 67, Rückenklopfen 69, Rückenlegen *Grundform* 70, Rückenlegen *Variation* 70, Partnergleichgewicht 71, Komm 72, Gesichtsfühlen 73, Führen *Grundform* 75, Führen *Variation* 76, Wachsen 77, Schweben 78

Siebtes Kapitel: Spielen und tasten 79

Zum Spieleinsatz 80, Tastkontakt 81, Blindkontakt *Grundform* 82, Blindkontakt *Variation* 82, Handauflegen 83, Knappen 84, Zeitlupenkontakt 84, Seebärengrätschkette 85, Hände sehen 86, Wer ist es? 86

Achtes Kapitel: Spiele für die Sinne 87

Zum Spieleinsatz 88, Blickwinkel 89, Abstraktaction 90, Fischgräte 92, Körperwahrnehmung 93, Kopfhalten 94, Doppelkreis *sehen* 95, Doppelkreis *tasten* 95, Kunstwerk 96

Neuntes Kapitel: Spiele zur Vorstellungskraft 97

Zum Spieleinsatz 98, Doppelszene *Grundform* 99, Doppelszene *Variation* 100, Wanderung der Kindheit 101, Wanderung der Gegenwart 102, Luftballon 103, Mondreise 105, Gestensprache 108, Kinderreise 109, Erholung 111, Fluss 112, Gezeiten 112, Egoreise 113, Dein Tag 115, Luftschiff 116

Zehntes Kapitel: Spiele zum Ausklang 117

Zum Spieleinsatz 118, Gefühlsspiegel 119, Sonnenstrahlen 119, Herbeiblinzeln 120, Knotenlösen 120, Servus 121, Blickekreisen 121, Lieblingssatz 122, Wagenrad 123, Bodenpost 123, Kreissehen 124, Kreistragen 125

Spieleregister 126

Bei den Spielansagen gelten die Anreden und Bezeichnungen Mitspieler, Teilnehmer, Spielpartner und Spielleiter gleichermaßen auch für Mitspielerinnen, Teilnehmerinnen, Spielpartnerinnen und Spielleiterinnen.

Als Anleitung für den Spieleinsatz erschien ebenfalls im *Maternus Verlag* von *Josef Broich* das Buch *Gruppenspiele anleiten - Vorbereitung und Durchführung.*

Vorwort

Spieleinsatz

Die *Entspannungsspiele* sind ohne Vorerfahrungen und ohne Materialbedarf sofort einsetzbar. Der zielgerichtete ganzheitliche Umgang mit der An- und Entspannung, mit Atmung und Konzentration eignet sich auch zum themen- und altersübergreifenden Gruppeneinstieg und Gruppenausklang für alle Arten von Arbeitsgruppen.

Die Spiele fördern die Entspannung der Körpermuskulatur, eine gleichmäßige Atmung, die Kräftigung des Herzschlags, das körperliche Wärmegefühl, die Kontaktbereitschaft und das allgemeine Wohlbefinden.

Der Spielleiter kann mit den Hinweisen zum Spieleinsatz, zur Spielart, zur Spielzeit und zur Anzahl der Mitspielenden die für seinen Einsatz geeigneten Spiele einsetzen. Dabei sollten Spiele aus dem ersten Kapitel *Spiele zum Einstieg* zu Beginn jedes Spieleinsatzes stehen - hierbei steht das persönliche Ankommen und die Kontaktaufnahme im Vordergrund des Spielgeschehens.

Die angegebene Spielzeit entspricht bei einem altersgemischten Spieleinsatz dem zu erwartenden Zeitbedarf für 6 bis etwa 30 Teilnehmer.

Eine Altersbegrenzung gibt es bei den Spielen nicht. Beim Einsatz in altersgemischten Gruppen sollte das Mindestalter der jüngsten Teilnehemr etwa bei zehn Jahren liegen - gleichzeitig besteht die Möglichkeit zu einem altersangepassten Übungseinsatz.

Hinweise für den Spielleiter

Ein langsames und deutliches Vorlesen des Spieltextes reicht beim Einsatz der Spielvorschläge aus, um den Spielverlauf zu veranschaulichen. Zusätzlich gehen jedem Kapitel Empfehlungen zum Spieleinsatz mit Informationen zu den Rahmenbedingungen der Spiele voraus.

Der Spielleiter kann den Spieltext seiner eigenen Sprache angleichen. Zur Vorbeugung von Spielunlust sind die vorgegebenen Spielzeiten einzuhalten. Bei Unsicherheiten bei der Spielvermittlung sind die Mitspieler zu fragen, ob die Texteingabe verstanden wird, ob sie zu schnell oder zu langsam erfolgt.

Erstes Kapitel: Spiele zum Einstieg

Zum Spieleinsatz 12
Armspannung *Grundform* 13
Armspannung *Variation* 14
Puppengruß 15
Platzeinnahme 15
Geheimgruß 16
Kreisen 17
Morgenräkeln 18
Wanddrücken 19
Gruppeneinstieg 20
Raumkörper 22
Körperlüften 23
Begrüßungsgeschenk 24

Zum Spieleinsatz

Das Kapitel *Spiele zum Einstieg* enthält vor allem Konzentrations- und Entspannungsspiele für den Gruppeneinstieg. Bei den Bodenübungen sollten bestimmte äußere Mindestbedingungen für die Spieldurchführung vorliegen:

⇨ Abdunkelbarer Raum.

⇨ Ausreichende Bewegungs- und Liegefläche von etwa vier Quadratmetern für jeden Teilnehmer.

⇨ Schutz vor einer vermeidbaren äußeren akustischen und klimatischen Beeinträchtigung.

⇨ Sauberer Teppich- oder Holzboden.

Bei einem anderen Fußbodenbelag ist vorher für ausreichende Decken oder Matten zu sorgen.

Armspannung *Grundform*

10 bis 15 Minuten
Ab 6 Mitspieler

Wir verteilen uns gleichmäßig im Raum und legen uns mit dem Rücken auf den Boden. Leg deine Arme mit den Handinnenflächen nach oben angewinkelt längs zu deinem Körper. Winkel deine Beine etwas an und lass die Füße zur Außenseite fallen.

Hebe deinen linken Unterarm mit deiner linken Hand vom Boden ab, so dass der mit deinem linken Oberarm ein Rechteck bildet. *Etwa eine halbe Minute verweilen.* Leg deinen Unterarm wieder sanft auf den Boden.

Hebe jetzt deinen rechten Unterarm mit deiner rechten Hand vom Boden ab, so dass der mit deinem rechten Oberarm ein Rechteck bildet. *Etwa eine halbe Minute verweilen.*

Wechsele mit dem Heben und Senken abwechselnd mit deinem linken und deinem rechten Unterarm ab und verweile in der jeweiligen rechteckigen Position etwa eine halbe Minute.

Wiederhole das Heben und Senken für jede Armseite etwa acht bis zehn mal.

Armspannung *Variation*

5 bis 10 Minuten
Ab 6 Mitspieler

Wir verteilen uns im Raum und legen uns mit dem Rücken auf den Boden. Leg deine Arme angewinkelt neben deinen Körper. Dabei weisen die Handinnenflächen nach oben. Winkel deine Beine etwas an und lass dabei die Füße zur Außenseite fallen.

Bilde beim Heben und Senken deiner Unterarme jeweils eine Faust. Atme beim Heben der Unterarme ein und atme beim Senken aus. Hebe und senke deine Unterarme jeweils im Rhythmus deiner Atmung.

Lass dabei deine Augen geschlossen. Hebe und senke abwechselnd deinen linken bzw. deinen rechten Unterarm immer dann, wenn deine Atmung es notwendig macht.

Puppengruß

10 bis 15 Minuten
8 bis 16 Mitspieler
Benötigt wird ein weicher Wurfgegenstand

Wir bilden einen Kreis. Ein weicher Gegenstand wird als Puppe auf eine vorgegebene Art begrüßt. Nachher reichst du den Gegenstand deinem rechten Spielnachbarn weiter.

Begrüß die Puppe im zügigen Tempo als Mafioso, Karnevalsprinz, Boss, Matrose auf Landurlaub, Fernfahrer, Indianer, Milchmann, Radfahrerin, Säugling, Beamten, Nonne, Metzgerin, Mama, Stromabzähler und Freund.

Platzeinnahme

5 Minuten
Ab 8 Mitspieler

Wir bilden einen Sitzkreis und tauschen blitzschnell unsere Plätze. Bevor du einen neuen Platz einnehmen kannst: Hüpf seitwärts. Geh rückwärts auf allen vieren. Dreh dich mehrmals um dich selber.

Klettere über und krabbele unter andere Mitspieler. Robbe zu einem anderen Platz im Raum. Beweg dich tänzerisch zu deinem neuen Platz.

15

Geheimgruß

5 bis 10 Minuten
Ab 8 Mitspieler
Für Teilnehmer, die sich untereinander noch nicht kennen.

Wir gehen im Raum umher, jeder in seiner Geschwindigkeit und in seine Richtung. Du bist neu in der Stadt. Weiche jedem aus, dem du begegnest. Geh in deiner Geschwindigkeit weiter.

Du wirst übermütig. Du begrüßt jeden, dem du begegnest mit einem leichten Ziehen am Ohr, mit einem angedeuteten Klaps auf den Po, mit einem zaghaften Blick.

Die trägst mit deinem Namen ein Geheimnis, das nur du kennst. Dieses Geheimnis kannst du nur geheimnnisvoll weitergeben. Geh in deiner Geschwindigkeit weiter.

Du flüsterst zur Begrüßung deinen Namen ins Ohr deines Gegenübers und gehst weiter - dabei flüstert auch dein Gegenüber seinen Namen in dein Ohr. Beim Geheimgruß passen alle höllisch auf, dass kein anderer ihn abhören kann.

Da jeder über Ohren verfügt, kannst du sie auch nutzen, indem du für jede Silbe das Ohr wechselst. Linkes Ohr „*Sa-*", rechtes Ohr „*bi-*" und wieder das linke Ohr „*ne*" - der Name somit: „*Sa-bi-ne*". Beim Geheimgruß kannst du auch die Betonung deines Namens verändern.

Zum Schluss flüsterst du den Namen deines Mitspielers in sein Ohr. Wenn du einen falschen Namen flüsterst, verrät dir dein Gegenüber seinen richtigen Namen noch einmal flüsternd in dein Ohr - *oh wie geheimnisvoll!*

Kreisen

10 Minuten
Ab 6 Mitspieler

Wir bilden einen großen Kreis. Stell dich aufrecht mit abgewinkelten Beinen hin. Schließ deine Augen. Atme kräftig mit der Nase ein und in einem Zug mit dem Mund aus. Wiederhole das Ein- und Ausatmen in deinem Rhythmus. *Kurz verweilen.*

Spanne beim Einatmen deine Hände zu Fäusten und lass sie beim Ausatmen los. Wiederhol das Ein- und Ausatmen in deinem Rhythmus. *Kurz verweilen.*

Leg jetzt die Fingerspitzen an deine Schläfen - linke Hand an deine linke Schläfe, rechte Hand an deine rechte Schläfe.

Kreise mit deinen Fingerspitzen behutsam im Rhythmus mit einem für dich vertretbaren leichten bis mittleren Druck in Richtung deines Hinterkopfes. Atme beim Kreisen in Richtung Hinterkopf ein und atme beim Kreisen Richtung Stirn aus. *Mehrmals wiederholen.*

Spanne beim Einatmen deine Hände wieder zu Fäusten und lass sie beim Ausatmen los. Wiederhole das Ein- und Ausatmen in deinem Rhythmus. *Kurz verweilen.* Wiederhol das mit deiner Atmung begleitete Fingerkreisen an deinen Schläfen und die Faustbildung mehrmals.

Kreise jetzt mit deinen Schulterblättern. Kreise mit den Schulterblättern beim Einatmen nach hinten und beim Ausatmen nach vorne. Beim Einatmen wirst du ganz groß und beim Ausatmen wirst du klitzeklein.

Spanne beim Einatmen deine Hände wieder zu Fäusten und lass sie beim Ausatmen los. Wiederhole das Ein- und Ausatmen in deinem Rhythmus. *Kurz verweilen.*

Strecke beim Einatmen deine Hände in die Luft und lass sie beim Ausatmen in einem Stoß wieder los. *Mehrmals wiederholen.* Biege dich wie ein Grashalm im Wind. Mehrmals wiederholen. Friere mit deinen Bewegungen ein. Guten Tag.

Morgenräkeln

5 bis 10 Minuten
Ab 6 Mitspieler

Wir verteilen uns im Raum und legen uns mit dem Rücken auf den Boden. Schließ deine Augen. Bleib bei dir. Es ist früher Morgen. Du schläfst. Atme tief ein und langsam aus.

Atme mit der Nase ein und dem mit Mund aus. Atme erst dann wieder aus, wenn es erforderlich wird. Langsam wachst du auf.

Lass dabei deine Augen geschlossen. Du beginnst dich nach Herzenslust zu räkeln. Streck dabei deinen Körper auseinander und zieh ihn auch wieder zusammen. Du wirst dabei ganz groß und ganz klein.

Langsam erwachst du und öffnest deine Augen. Sieh dir deine Nachbarn und die nähere Umgebung genau an. Du hast Zeit. *Nach einer Weile:* Du bist erwacht. Guten Morgen!

Wanddrücken

Bis 5 Minuten bei einem Durchgang
Ab 6 Mitspieler

Wir stellen uns alle mit leicht abgewinkelten Beinen mit dem Rücken an die festen Raumwände. Die Arme und die Handinnenflächen fallen dabei nach unten. Lass dabei deine Augen geöffnet.

Stemme mit deiner ganzen Kraft deinen Hinterkopf, deine Schultern, den Po und die Arme mit den Handinnenseiten gegen die Wand. Atme beim Wanddrücken möglichst gleichmäßig weiter.

Halte das Wanddrücken für jeden Durchgang etwa bis zu 20 Sekunden bei. Die Übung sollte mindestens fünfmal wiederholt werden.

Steht für ein Wanddrücken nicht für jeden Teilnehmer eine ausreichende Wandfläche zur Verfügung, so lässt sich die Übung auch in mehreren Durchgängen realisieren. So kann jeder auch einmal beim Wanddrücken zusehen und selbst mitmachen.

Gruppeneinstieg

10 bis 15 Minuten
Ab 6 Mitspieler

Wir verteilen uns gleichmäßig im Raum. Geh durch den Raum. Geh langsam und behäbig. Werde schneller, laufe, renne. Finde dein Tempo.

Nutze beim Gehen auch die Raumecken. Laufe, halte dein Tempo, verlangsame dein Tempo, steigere dein Tempo. Stütze deine Hände auf deine Hüften, lauf weiter, halte dein Tempo. Ändere auf ein Zeichen deine Laufrichtung.

Wiederhole mehrmals in deinem Rhythmus den Richtungswechsel: Lauf im Kreis. Lauf geradeaus. Lauf seitwärts. Lauf rückwärts.

Ändere auf ein weiteres Zeichen hin deine Gangart: Springe, watschele, trabe. Geh behutsam auf heißem Sand. Arbeite dich durch ein Dornengestrüpp.

Plansche in der Meeresbrandung. Schwebe über Wolken. Tanze Tango Amigo. Trippele im Dreieck. Werde langsamer. Bleib stehen. Wir bilden einen Kreis. Wirf deine Arme und Beine hin und her. Stell dich bequem hin.

Atme durch die Nase ein und durch den Mund aus. Spann beim Einatmen deinen Körper an und lass deinen Körper beim Ausatmen los. Wiederhole in deinem Rhythmus das Ein- und Ausatmen mehrmals.

Kreise mit deinen Armen. Beginne beim Armkreisen mit dem rechten Arm. Kreise mit dem rechten Arm nach vorne. Mach zuerst kleine, dann mittlere, dann große Kreise. Wiederhole mehrmals die Kreisbewegungen.

Und nun der linke Arm. Bilde auch hier kleine, mittlere und große Kreise. Kreise jetzt mit beiden Armen gleichzeitig nach hinten. Atme beim Anheben der Arme ein, beim Senken der Arme aus.

Richte deinen Oberkörper beim Einatmen auf und lass ihn beim Ausatmen nach vorne fallen.

Kreise gleichzeitig mit deinen Armen in verschiedene Richtungen. Kreise mit dem linken Arm langsam nach vorne. Kreise mit dem rechten Arm nach hinten.

Bewege die Arme in deinem Rhythmus, auch wenn es schwerfällt. Verändere in deinem Rhythmus die Drehrichtung deiner beiden Arme.

Lüfte deinen Körper. Springe hoch, sacke zusammen. Stell dir dabei einen Riesenballon vor, aus dem die Luft entweicht und der sich wieder füllt.

Raumkörper

10 bis 15 Minuten
Ab 6 Mitspieler

Wir gehen langsam durch den Raum. Nutze alle Richtungen in deinem Tempo. Geh erst langsam und vorsichtig. Achte auf dich, ohne andere zu behindern. Ändere deine Gehrichtung. Werde schneller, noch schneller, laufe. Finde mit anderen zusammen zu einem gemeinsamen Tempo.

Auf ein Zeichen frierst du im Bewegungsfluss ein, gehst normal weiter, frierst in der Bewegung wieder ein oder änderst die Gangart.

Schleiche durchs Unterholz. Renne zur Stadtbahn. Hol eine Flasche aus dem Keller. Schleiche dich an der Kasse vorbei. Geh im Wald spazieren. Spioniere geheimnisvoll. Springe Hüpfekästchen. Bring Diebesgut zurück.

Geh im Intervall mit rasch wechselnden Geschwindigkeiten und Gangarten. Der Wechsel des Intervalls erfolgt mit einem Zeichen. Geh auf andere zu. Schlendere am Ufer. Sieh dir die Auslagen im Schaufenster an. Kauf dir eine Bratwurst. Betrachte das Treiben auf dem Viehmarkt. Schreite siegessicher. Geh genervt über die Straße. Schwimme im Baggersee.

Taste dich durch die Dunkelheit. Rudere angespannt im Achter. Versteigere Flöhe. Wandere auf Zehen. Schleich dich davon. Geh lautlos. Balanciere über einen schmalen Steg. Flieh vor einem Dackel. Ernte Möhren im Akkord. Kellnere auf einem Schlauchboot. Krieche unterm Weidezaun durch. Flieh vor einem Stier. Werde langsamer. Bleib stehen.

Körperlüften

10 bis 15 Minuten
Ab 6 Mitspieler

Wir bilden einen Kreis. Stell dich bequem hin. Hebe die linke Schulter. Halte inne. Lass die Schulter fallen. Hebe nun deine rechte Schulter. Halte inne. Lass die Schulter fallen. Wiederhole das Heben, Innehalten und Fallenlassen im Wechsel von links und rechts in deinem Rhythmus. Atme beim Schulterheben ein und beim Fallenlassen aus. Atme beim Schulterheben durch deine Nase ein. Atme beim Fallenlassen durch deinen Mund aus.

Lass beim Ausatmen deinen Kopf aus der Mittellage nach vorne fallen. Richte deinen Kopf beim Einatmen auf. Wiederhole das Kopfheben und Kopfsenken zusammen mit dem Heben und Fallenlassen der Schultern in deinem Rhythmus. Lass beim Ausatmen ein Geräusch kommen, ein Zischen oder ein Pfeifen. Hebe deinen Kopf erst, wenn du wieder einatmen musst.

Schaukel mit dem Kopf nach links und nach rechts. Mach dabei langsam. Kreise mit den Schultern nach vorne, nach hinten. Kreise mit dem Becken linksherum, rechtsherum. Stell dir dabei vor, du hättest auf dem Kopf ein Glas Wasser stehen.

Kreise mit dem linken Bein. Beginne beim Kreisen mit dem linken Fuß. Kreise mit dem rechten Bein. Beginne beim Kreisen mit dem rechten Fuß. Bewege dich mit dem ganzen Körper. Wirf die Arme, wirf die Beine weg. Schüttele deinen Körper aus. Atme dabei tief durch die Nase ein und mit einem Stoß durch den Mund aus. Bewege dich im ganzen Raum. Geh auch in die Ecken, die Nischen.

Lass deine Arme beim Gehen baumeln. Wippe mit dem Kopf, als wärst du eine Stoffpuppe. Beweg dich tänzerisch zu zweit, zu dritt, zu viert. Du wirst langsamer, noch langsamer. Du bleibst stehen.

Begrüßungsgeschenk

5 bis 10 Minuten
Ab 8 Mitspieler
Die Teilnehmer sollten sich untereinander noch nicht oder kaum kennen.

Wir bilden einen Kreis *(sitzen oder stehen)*. Welcher möglichst allen bekannte Gegenstand passt meiner Meinung nach zu meinem Spielpartner an meiner linken Scite? Was könntc ich ihm zur Begrüßung schenken? Bananen, Farbbeutel, Geschirrspüler, Halstuch, Handy, Kaninchen, Sandalen, Sandkuchen, Seidentuch, Spardose, Tagebuch, Trecker.

Einer fängt an. *Ich bin Pia. Ich schenke dir einen Kasten Pralinen.* Der angesprochene Spielpartner sagt, was er mit dem Geschenk macht, ob ihm das Geschenk gefällt oder weniger gefällt.

Beispielreaktionen auf das Geschenk: *Da läuft mir das Wasser im Mund zusammen. Danke, die kann ich gut gebrauchen. Du stillst mir mit den Pralinen meinen Heißhunger. Mit deiner Hilfe erreiche ich mein ideales Catchergewicht. Pralinen erinnern mich an (...)* usw. Danach sagt der Beschenkte seinen Namen und schenkt seinerseits seinem linken Spielnachbarn einen bekannten Gegenstand.

Zweites Kapitel: Atem- und Ruhespiele

Zum Spieleinsatz 26
Aufwachen 27
Liegekreis 27
Öffnen 28
Pendelatmung *Grundform* 29
Pendelatmung *Aufbauform* 29
Körperentspannung 30
Muskelspannung 32
Fingerkreisen 34

Zum Spieleinsatz

Das Kapitel *Atem- und Ruhespiele* enthält Konzentrations- und Entspannungsspiele für den Gruppeneinstieg. Bei den Bodenübungen sollten die Grundbedingungen zur Bewegungsfläche und zu den vermeidbaren äußeren Beeinträchtigungen vorliegen (siehe S. 12).

Die Spiele *Aufwachen, Liegekreis* und *Öffnen* eignen sich auch zum wiederholten Einsatz bei einem gleichbleibenden und wechselnden Teilnehmerkreis zu Beginn von Spiel- und Lerneinheiten bis zu zwei Unterrichtsstunden (1 ½ Zeitstunden).

Die anderen Atem- und Ruhespiele eignen sich vor allem zum Einsatz bei einem gleichbleibenden und wechselnden Teilnehmerkreis zu Beginn von Spiel- und Lerneinheiten ab etwa drei Unterrichtsstunden (ab 2 Zeitstunden).

Aufwachen

10 bis 15 Minuten
Ab 6 Mitspieler

Wir legen uns auf den Boden, ohne einen anderen zu behindern. Es ist früher Morgen. Du bist noch sehr müde. Du liegst im Bett. Langsam erwachst du. Du streckst und räkelst dich. Deine Augen sind noch geschlossen.

Du atmest die Tagesfrische. Du spürst deine Größe, deine erwachende Kraft. Du spürst deine Beine und Arme. Du spürst deinen Kopf. Du spürst deine Muskeln, gähnst nach Herzenslust.

Du streckst und dehnst deinen Körper. Du stehst langsam auf. Schüttele dich aus. Spanne beim Einatmen deine Glieder an und Lass sie beim Ausatmen wieder los. Der Tag ist da und du auch.

Liegekreis

10 Minuten
Ab 8 Mitspieler

Wir bilden einen Liegekreis, indem wir uns auf den Rücken mit dem Kopf zur Kreismitte legen. Halte die Hände deiner Spielnachbarn. Atme tief mit der Nase ein und mit dem Mund aus. Bleibe bei dir.

Bilde mit deinen Spielnachbarn beim Einatmen deine Hände zu Fäusten und lass deine Hände beim Ausatmen wieder los *(Handkontakt bleibt erhalten)*.

27

Einer fängt mit der Erzählung einer kleinen Guten-Morgen-Geschichte an *(höchstens drei Sätze)*. Bilde danach wieder mit deinen Spielnachbarn beim Einatmen die Hände zu Fäusten und lass die Hände beim Ausatmen wieder los *(Handkontakt bleibt erhalten)*. Anschließend setzt der Nächste *(Spielnachbar zur rechten Seite des 1. Erzählers)* die Geschichte fort (...) usw. Die Geschichte geht mindestens einmal im Kreis umher.

Die Themen sollten naturbezogene Eindrücke wiedergeben: Waldspaziergang. Segelflug übers Gebirge, Wanderung durchs Watt. Räkel dich zum Übungsschluss, dehn deine Glieder. Du bist angekommen. Guten Tag.

Öffnen

10 bis 20 Minuten
Ab 6 Mitspieler

Leg dich auf den Boden oder setz dich bequem hin. Schließe deine Augen. Atme möglichst durch die Nase ein und durch den Mund aus. Spür die Größe und Wärme deines Körpers. Spür deine Atmung. Lass die Geräusche aus dem Raum auf dich wirken. Atme langsam ein und aus. Spüre die Raumatmosphäre und die Temperatur.

Eine Minute verweilen.

Öffne deine Augen. Wende dich zuerst einem Gegenstand deiner Wahl und anschließend einem in deiner Nähe stehenden Partner zu. Sieh dir den Gegenstand, sieh dir den Partner an. Schließe deine Augen, wenn es dir reicht.

Pendelatmung *Grundform*

10 bis 15 Minuten
Ab 6 Mitspieler

Wir verteilen uns im Raum. Nimm einen Platz ein, der dir entspricht. Leg dich hin. Mach deine Augen zu. Strecke deinen Körper. Atme tief ein und in einem Zug aus. Richte dich behutsam auf. Begleite beim Aufrichten den Atmungsfluss und die Atmungstiefe. Du stehst. Lass die Augen geschlossen.

Pendel mit deinem Körper im Raum. Spüre deine Atmung. Pendel mit deinem Atemrhythmus. Triffst du auf einen anderen, so pendelst du mit ihm zusammen. Die Augen bleiben geschlossen.

Pendelatmung *Aufbauform*

10 bis 20 Minuten
Ab 6 Mitspieler

Pendel zusammen mit einem Spielpartner Rücken an Rücken. Nimm dabei Handkontakt mit deinem Partner auf. Stellt euch gegenüber und pendelt mit geschlossenen Augen Hand in Hand.

Probiere verschiedene Pendelformen aus: Vorwärts / rückwärts. Rücken / Rücken. Statue mit Kreisbewegungen. Schaukeln von links nach rechts und von rechts nach links. Nutz den ganzen Raum. Hör beim Pendeln mit deinem Partner die Atmung. Probier verschiedene Töne, verschiedene Laute aus. Pfeife oder summe.

Probier mit deinem Partner verschiedene Bewegungsabläufe und Laute aus. Nehmt als Spielpaar mit der Stimme und der Bewegung Kontakt zu anderen Spielpaaren auf. Öffne dabei deine Augen.

Probiert zu viert verschiedene Ausdrucksmöglichkeiten mit der Stimme und der Bewegung aus. Jetzt wachsen wir alle zu einer gemeinsamen Klang- und Pendelgruppe zusammen.

Wir tönen und pendeln gemeinsam. Achte auf das Zusammenspiel zwischen Atmung, Stimme und Pendeln. Du hast Zeit.

Körperentspannung

15 bis 20 Minuten
Ab 6 Mitspieler

Nimm einen Platz im Raum ein und leg dich dort auf den Boden. Streck deine Arme und Beine aus. Leg dich so hin, dass du bequem liegst und keinen behinderst. Lockere deinen Gürtel, wenn er drückt. Atme langsam durch die Nase ein.

Halte die Luft an. Atme durch den Mund aus. Beim Ausatmen kannst du einen Zisch- oder Pfeifton kommen lassen. Atme in deinem Rhythmus ein und aus. Spanne beim Einatmen deine Beine und Arme an. Presse sie dabei auf den Boden und lass sie beim Ausatmen wieder los. Schließe deine Augen.

Konzentriere dich auf deinen Körper. Spür die Fläche unter deinem Körper und den Bodenkontakt der Füße und Beine. Spür die Lage deiner Unter- und Oberschenkel. Spür die Breite und

30

Größe deines Rückens. Spür die linke und rechte Schulterpartie. Spür die Lage deines Kopfes. Spür dein Gesicht.

Beginne beim Erspüren deines Gesichts bei den Schläfen, weiter über die Stirn, die Augen, die Augenpartien, die Wangen und die Mundpartien. Spür dein Gesicht als Ganzes.

Spür die Bekleidung auf deinem Körper. Spür die Stellen, wo die Kleidung beginnt. Spür die Bekleidung auf der Haut, auf der linken und rechten Brust. Spür die Bekleidung auf deinem Bauch.

Spür die warmen und die kühlen Stellen der Haut. Spür die Lage deiner Finger. Vergleiche die Empfindungen in den Fingern mit denen der entsprechenden Zehen.

Beginne beim Erspüren deiner Finger bei deiner linken Hand: Daumen, Zeigefinger, Mittelfinger, Ringfinger, kleiner Finger. Jetzt die rechte Hand: Daumen, Zeigefinger, Mittelfinger, Ringfinger, kleiner Finger. Spür deine beiden Hände. Spür die Lage deiner Unter- und Oberarme.

Spür die Druckstellen deines Körpers zum Boden und geh in Gedanken die einzelnen Stationen durch, die wir gemeinsam begangen haben. Bleibe bei dir. Lass deine Augen noch geschlossen.

Räkele dich in die Position, in der du morgens häufig aufwachst. Bleibe bei dir. Eine Minute verweilen. Streck deinen Körper. Wach auf. Sieh dir deine Umgebung an.

Lass die Atmosphäre des Raumes auf dich wirken. Bleibe bei dir. Guten Morgen.

Muskelspannung

15 bis 20 Minuten
Ab 6 Mitspieler

Leg dich mit dem Rücken auf den Boden und schließe deine Augen. Leg deine Arme mit der Handinnenfläche nach oben leicht angewinkelt neben deinen Körper. Wir spannen nachher bestimmte Muskeln bzw. Muskelpartien an und lassen sie nach etwa 15 Sekunden wieder los.

Atme zuerst tief ein und aus. Atme mit der Nase ein und mit dem Mund aus. Lass beim Ausatmen ein „sch" oder ein „f" kommen. Konzentriere dich auf deinen Körper.

Bilde zeitgleich mit deinem Einatmen zwei Fäuste und lasse sie beim Ausatmen wieder los. Wiederhole das Ein- und Ausatmen mehrmals in der dir entsprechenden Geschwindigkeit. Bleibe bei dir.

Spanne jetzt dein linkes Bein mit deinem linken Fuß an und lass es nach etwa 15 Sekunden wieder los. Jetzt dein rechtes Bein mit deinem rechten Fuß. Wiederhole das Anspannen des linken und rechten Beines mehrmals in deiner Geschwindigkeit.

Spanne mehrmals hintereinander deinen Po an und lass ihn wieder los. Spanne deine Beine gemeinsam mit deinem Po an. Spanne deinen Rücken an. Spanne deinen Rücken zusammen mit deinen Schultern an. Spanne abwechselnd deinen linken und deinen rechten Arm zusammen mit deinen Händen an.

Spanne deinen Hinterkopf an und anschließend dein Gesicht. Spanne deinen Kopf als Ganzes an und lass ihn wieder los.

Spanne deinen Bauch an und lass ihn wieder los. Wiederhole das Anspannen des Bauches mehrmals.

Spanne deine Brustpartie an und lass sie wieder los. Spanne deinen Bauch mit deiner Brustpartie zusammen an.

Spanne deinen Oberkörper mit Rücken, Armen, Händen und Kopf als Ganzes an. Spanne deinen Unterkörper mit deinem Po, deinen Beinen und Füßen an. Spanne jeweils abwechselnd deinen Ober- und deinen Unterkörper an und lass ihn wieder los.

Spanne deinen ganzen Körper im Rhythmus deines Einatmens an und lass ihn beim Ausatmen wieder los. Wiederhole das An- und Entspannen deines Körpers in deiner Geschwindigkeit mehrmals hintereinander.

Geh zum Schluss in Gedanken die einzelnen Körperpartien durch, die du angespannt und entspannt hast. Bleibe dabei bei dir und lass die Augen dabei noch geschlossen.

Fingerkreisen

15 bis 20 Minuten mit Rollentausch
Ab 6 Mitspieler

Wir bilden Spielpaare. Ein Mitspieler legt sich mit dem Rücken auf den Boden. Dabei schließt er auch seine Augen. Leg dabei deine Arme leicht angewinkelt neben deinen Körper.

Der andere Mitspieler setzt sich im Schneidersitz neben seinen Spielpartner. Sollte eine andere Sitzform bequemer sein, so nimm diese ein.

Eine Hand legt er nun sachte auf den Bauch seines liegenden Partners. Atmet der Liegende aus, so verstärke mit einem leichten Druck das Ausatmen. Atmet er ein, so vermindere deinen Handdruck - *mehrmals wiederholen.*

Kreise jetzt mit den Fingerspitzen einer Hand oberhalb des Bauchnabels deines liegenden Spielpartners rechts herum - *im Uhrzeigersinn* - mit sanften Bewegungen. *Etwa fünf Minuten lang.*

Leg zum Schluss sanft für etwa eine halbe Minute eine Hand auf den Bauch des Liegenden.

Der Liegende atmet für sich mehrmals kräftig ein und aus und öffnet dann wieder seine Augen.

Anschließend Rollentausch.

Drittes Kapitel: Bewegen und ankommen

Zum Spieleinsatz 36
Schütteln 37
Bewegungsgegensätze *Grundform* 38
Bewegungsgegensätze *Aufbauform* 39
Comic 40
Rückendrücken 41
Partnerdrücken *Grundform* 41
Partnerdrücken *Variation* 42
Partnerdrücken *Aufbauform* 42
Blitzschnell 43
Bodenstrecken 44
Bodenflug 45
Detektiv 46

Zum Spieleinsatz

Das Kapitel *Bewegen und ankommen* enthält vor allem körperaktive Spiele mit einem Partner zur Ermöglichung der inneren und äußeren Ruhe und Konzentration. Der schnelle Spielfluss fördert die Spielpräsenz und die Vermeidung von Spielhemmungen bei spielungewohnten Teilnehmern.

Schütteln

5 Minuten
Ab 6 Mitspieler

Wir verteilen uns gleichmäßig im Raum. Stell dich bequem so hin, dass du keinen anderen behinderst. Atme durch die Nase ein und mit einem Zug durch den Mund aus. Halte die Luft möglichst lange bei dir.

Lass beim Ausatmen ein Zischen oder ein Pfeifen kommen. Wiederhole das Ein- und Ausatmen in deinem Rhythmus.

Schüttele die linke Hand aus, erst langsam, dann schneller und noch schneller. Schüttele den linken Arm aus, erst langsam, dann schneller und noch schneller. Lass das Schütteln ausklingen. Das Gleiche machst du mit der rechten Hand und danach mit dem rechten Arm.

Schüttele jetzt: Kopf, Schultern, Bauch, linken Fuß, linkes Bein, rechten Fuß, rechtes Bein. Geh mit dem Ausschütteln im Rhythmus auf deinen Körper über. Geh durch den Raum. Halte beim Schütteln die Geschwindigkeit bei. Werde langsamer, noch langsamer. Bleib stehen.

Bewegungsgegensätze *Grundform*

45 bis 60 Minuten
Ab 8 Mitspieler / Paarspiel

Wir bilden Spielpaare. Stell dich vor deinen Partner und sieh ihn dir an. Schließe deine Augen. Atme tief durch die Nase ein und in einem Zug durch den Mund aus. Spann beim Einatmen die Hände an, lass beim Ausatmen die Hände und den Körper los. Wiederhole die Atmung mehrmals in deinem Rhythmus.

Öffne deine Augen. Sieh dir deinen Partner nochmals an. Atme mit ihm im gemeinsamen Rhythmus ein und aus. Bewege dich mit deinem Partner mit Bewegungsgegensätzen: A stellt zum Beispiel oben und B dann unten dar.

⇨ *Die Bewegungsgegensätze*

Alt und jung.
Beugen und strecken.
Grob und fein.
Groß und klein.

Heben und senken.
Hoch und niedrig.
Hungrig und satt.
Liegen und stehen.

Nachgeben und angreifen.
Offen und geschlossen.
Reich und arm.
Sauber und schmutzig.

Schön und hässlich.
Schwach und stark.
Sicher und unsicher.
Stolz und demütig.

Süß und sauer.
Voll und leer.
Weiblich und männlich.
Weit und eng.

Wenig und viel.
Zart und bitter.
Zart und rauh.
Zerstören und aufbauen.

Und weiter mit vier Mitspielern: Jeweils zwei Spielpaare stellen die jeweiligen Bewegungsgegensätze dar - beispielsweise groß für das erste Spielpaar und klein für das zweite Spielpaar.

Bewegungsgegensätze *Aufbauform*

20 bis 30 Minuten
Ab 8 Mitspieler / Gruppenspiel

Bei vier Mitspielern stellen zwei Darsteller den Gegensatz *traurig / fröhlich* und zwei Darsteller den Gegensatz *gleichgültig / aufgeregt* dar. Beide Gegensatzformen gehen nachfolgend in eine gemeinsame Improvisation zu viert ineinander über.

Anschließend haben die Zuschauer die improvisierten Bewegungsgegensätze der jeweiligen Vierergruppe herauszufinden.

39

Comic

20 bis 30 Minuten
Ab 6 Mitspieler

Wir bilden Spielgruppen zu zwei bis vier Darstellern für ein Comicspiel mit Fix und Foxi, Tarzan, Donald Duck und Asterix. Setz rhythmische Comicbewegung und die internationale Comicsprache Rülps, Zisch, Plopp und Gluck ein.

Gelingt es, mit der Sprachreduzierung und der Bewegungsvereinfachung sich in etwa zu verständigen? Die Spielzeit und die Spielhandlung sind vorher zu vereinbaren.

Rückendrücken

10 Minuten
Ab 6 Mitspieler

Stell dich zu einem etwa gleich großen Spielpartner. Stellt euch als Spielpaar Rücken an Rücken. Geht gemeinsam los. Einer geht dabei vorwärts, der andere geht rückwärts.

Halte Kontakt zu deinem Spielpartner mit den Schultern und dem Gesäß. Geh mit deinem Partner zusammen in einem gemeinsamen Rhythmus, wobei der Wechsel vom Vorwärts- zum Rückwärtsgehen mit einem schnellen Übergang erfolgt.

Bei einiger Übung ist es auch möglich, in der Hocke vorwärts- bzw. rückwärts zu gehen, wobei der Kontakt mit den Schultern und dem Gesäß beizubehalten ist.

Partnerdrücken *Grundform*

5 bis 10 Minuten
Ab 6 Mitspieler

Wir machen Körperübungen mit einem Spielpartner zusammen. *Dein Spielpartner sollte in etwa deine Körpergröße haben.* Setz dich hinter deinen Spielpartner.

Drück deine Wirbelsäule aufrecht an den Rücken deines Partners, die Schulterpartien an die Schulterpartien deines Partners. Deine Beine hälst du dabei leicht angewinkelt oder ausgestreckt auf dem Boden und deine Arme und Hände stützen dabei deinen Oberkörper am Boden ab.

Atme mit der Nase ein und mit dem Mund aus. Drück beim Einatmen kräftig mit deinem Rücken den Rücken deines Partners und halte beim Luftanhalten die Balance.

Du kannst beim Partnerdrücken nur so viel Druck abgeben, wie du gleichzeitig von deinem Partner erhälst.

Beim gemeinsamen Ausatmen verminderst du den Druck auf den Rücken deines Partners, bleibst jedoch in der Ausgangsposition sitzen. *Wiederhole das Partnerdrücken mehrmals und finde mit deinem Partner einen gemeinsamen Rhythmus.*

41

Partnerdrücken *Variation*

5 bis 10 Minuten
Ab 6 Mitspieler

Stell dich vor deinen Spielpartner. Streck deine Arme aus und
leg deine Hände auf die Schultern deines Partners. Drück mit
einer leichten körperlichen Schräglage mit deinen Händen gegen deinen Partner.

Nimm die Hände von den Schultern deines Partners. Streck dein
rechtes Bein waagerecht neben die linke Taille deines Partners,
der mit der linken Hand den Fußknöchel festhält. Drücke mit
der rechten Hand auf den Oberschenkel deines Partners. *Bestimmt dabei gemeinsam die Stärke und Dauer des Schenkel-
drückens.*

Partnerdrücken *Aufbauform*

5 bis 10 Minuten
Ab 6 Mitspieler

Wir machen weitere Übungen mit einem Spielpartner zusammen. Leg dich auf den Boden mit den Füßen in Richtung deines
Partners. Stemme mit den leicht über dem Boden befindlichen
Füßen gegen die Füße deines Partners. Schüttele gemeinsam
mit deinem Partner deine Füße aus. Bestimmt dabei *gemeinsam*
die Stärke und Dauer des Beinschüttelns.

Stell dich mit deinem Partner Rücken an Rücken hin, so dass
sich die Rücken nur leicht berühren. Breite deine Arme und

Hände aus und drück mit deinen beiden Handinnenflächen gegen die Handinnenflächen deines Partners. Bestimmt dabei *gemeinsam* die Stärke und Dauer des Handdrückens.

Stell dich vor deinen Spielpartner und drück mit deinen erhobenen Armen mit den Handinnenflächen in einer angewinkelten Körperhaltung so gegen deinen Partner, dass du leicht die Balance halten kannst. *Bestimmt dabei gemeinsam die Dauer des Balancehaltens.*

Blitzschnell

Bis 10 Minuten
Ab 6 Mitspieler

Wir verteilen uns gleichmäßig im Raum. Geh in deine Richtung und mit deinem Tempo. Geh im Kreis. Geh im Zickzackkurs. Führ die nachfolgenden Bewegungen auf ein Zeichen blitzschnell durch. Die Bewegungsbeispiele:

Berühr ganz viele Nasen mit deiner Nase.
Pflück viele Äpfel vom Baum - die Äpfel hängen sehr hoch.
Schleich als Ladendieb an der Ladenkasse vorbei.
Fahr als Rennfahrer durch Monaco - gib kräftig Gas.

Robbe unter dem Maschendraht her.
Laufe auf dem Sandstrand - du sackst dabei im Sand ein.
Schwimme im Strom von Ufer zu Ufer.
Springe im Froschgang ans Land.

Werde langsamer. Bleib stehen. Ruh dich aus.

43

Bodenstrecken

20 bis 30 Minuten
Ab 8 Mitspieler

Wir machen jetzt eine Bodenübung mit einem Spielpartner zusammen. Einer legt sich entspannt auf den Boden und macht seinen Körper ganz lang. Leg deine Arme neben deinen Kopf. Der andere Spielpartner setzt oder kniet sich mit aufgerichteter stabilisierter Wirbelsäule hinter den Kopf des Liegenden.

Der Sitzende (Kniende) greift an den ausgestreckten Arme seines Partners und zieht sie allmählich und gleichmäßig in seine Richtung. Umfasse dabei fest den Oberarm und die Hände des Liegenden. Der Liegende bestimmt selbst, wie und wie lange er das Armziehen gerne haben möchte.

Anschließend erfolgt Ähnliches mit den Beinen des Liegenden. Umfasse mit deinen Händen zuerst den linken Fuß an den Fersen des Liegenden. Heb das Bein vom Boden ab und zieh es in gleichmäßigen Bewegungen behutsam nach außen.

Pendel behutsam das Bein in gleichförmigen Bewegungen hin und her. Leg das Bein nach ein bis drei Minuten unter Spannung ab. Mach anschließend mit dem rechten Bein des Liegenden das Gleiche.

Anschließend Rollenwechsel.

Bodenflug

15 bis 20 Minuten mit Rollentausch
Ab 6 Mitspieler

Wir setzen uns ohne Schuhe paarweise auf dem Boden gegenüber. Drück dabei deine Füße an die Füße deines Spielpartners. Streck die Beine durch und fass dabei die Hände deines Partners.

Zieh die Hände und drück die Füße deines Partners so kräftig, wie dein Partner freiwillig mitmacht. Dabei gibt es keine Gewinner oder Verlierer.

Jetzt beugt sich ein Partner mit seinem durchgestreckten Rücken nach vorne und geht dabei in die Hocke. Sein Partner hält die Beine durchgestreckt.

Der Hockende streckt seine Arme auseinander, versucht sich mit Flugbewegungen. Sein Partner bleibt auf dem Boden, stabilisiert dessen Flügel mit seinen Armen.

Mit den ausgebreiteten Armen lassen sich waghalsige Flugbewegungen mit starken Kurven gemeinsam meistern. Beginne mit kleinen Flugbewegungen. Halte dein Gleichgewicht - und ab ins Risiko.

Danach Rollenwechsel.

Detektiv

10 bis 15 Minuten bei mehreren Durchgängen
Ab 8 Mitspieler

Einer geht aus dem Raum. Seine Aufgabe ist es, unseren Bewegungscode zu knacken: Einer von uns macht eine Bewegung, die alle anderen nachmachen.

Wer die Rolle des Bewegungsmachers übernimmt, wurde ohne Wissen des Detektivs abgesprochen. Der Detektiv soll den Bewegungsmacher herausfinden.

Hat der Detektiv ihn gefunden, wird der Bewegungsmacher zum Detektiven und das Spiel beginnt mit einem anderen Bewegungscode erneut.

⇨ *Die Bewegungsbeispiele*

Gehen mit einem steifen Bein.
Watscheln.
Gehen mit einem nach vorne gebeugten Rücken.
Hüpfen.

Gehen mit O-Beinen.
Schlendern.
Gehen unter einer großen Last.
Tänzeln.

Viertes Kapitel: Bewegen und trauen

Zum Spieleinsatz 48
Fallkerze 49
Gleichgewicht 49
Fallenlassen 50
Krabbelgruppe 51
Getragen werden 52
Zeitlupe 53
Paarspiegel 54
Aufstehen zu zweit 55
Aufstehen im Kreis 55
Kniemorsen 56

Zum Spieleinsatz

Das Kapitel *Bewegen und trauen* enthält vor allem Gruppenspiele für eine situationsangemessene Wahrnehmung und Konzentration. Der Spieltrhythmus vermeidet Ablenkungen.

Für alle Spiele gilt das Prinzip der Freiwilligkeit. Jeder Teilnehmer kann sich aus dem jeweils vorgeschlagenen Gruppenspiel zurückziehen. Allein das Wissen um die Rückzugsmöglichkeit reicht in aller Regel aus, „trotzdem" oder „gerade deshalb" mitzumachen.

Beim Einsatz der Spiele *Fallkerze*, *Fallenlassen* und *Getragen werden* sollten sich die Teilnehmer untereinander bereits zumindest etwas kennen.

Fallkerze

10 Minuten
8 bis 10 Mitspieler pro Spielgruppe

Wir bilden Kreise mit jeweils acht bis zehn Mitspielern. Einer geht in die Kreismitte, spannt seinen Körper zu einer Kerze an und lässt sich in eine beliebige Richtung fallen.

Der Kreis fängt die fallende Kerze auf und drückt sie sanft in eine andere Richtung oder reicht ihn im Kreis umher. Jeder sollte die Möglichkeit zum Kreisfallen erhalten. Die fallende Kerze bestimmt selbst für sich den Schluss.

Gleichgewicht

10 Minuten
Ab 6 Mitspieler

Ein Spielpaar setzt sich Rücken an Rücken auf den Boden. Steht zusammen auf, haltet das Gleichgewicht. Zusätzlich könnt ihr die Handinnenflächen aneinanderdrücken.

Versucht das Aufstehen zu dritt, viert, fünft (...) usw. Versucht es so lange, bis alle gleichzeitig miteinander aufstehen können. Helft euch beim Halten des Gleichgewichts und lasst euch ausreichend Zeit.

Fallenlassen

15 bis 20 Minuten für den Übungsteil
Ab 11 Mitspieler
Benötigt wird ein Tisch. Die Übung ist freiwillig.

Ein Mitspieler stellt sich auf eine Tischkante und schließt seine Augen. Mit geschlossenen Augen wird er von den anderen Mitspielern rückwärts mit Handsignalen zu der anderen Tischkante geführt. An der anderen Tischkante wird er gestoppt.

Der Gehende kann selbstverständlich jederzeit die Übung abbrechen!

Hinter ihn stellen sich in zwei Reihen gegenüber jeweils mindestens fünf Fänger auf. Die Arme der Fänger sind jeweils überkreuzt im Reißverschlussverfahren ineinander zu schieben, ohne sich an den Händen zu fassen. Dadurch kann der Fallenden elastisch aufgefangen werden.

Daher sind auch zwingend alle harten Gegenstände an den Händen und Armen - wie Uhren und Armbänder - vorher abzulegen!

Der Fallende muss unbedingt beim Fallen seine Beine und seinen Oberkörper steifhalten, damit sein Gewicht sich leichter für die Fänger auffangen und verteilen lässt - Kopf und Oberkörper dabei etwas leicht nach hinten beugen. Auf ein Zeichen hin lässt sich der Fallende nach hinten fallen.

Jetzt ist der Gefallene behutsam durch den Raum zu tragen und zum Schluss auf dem Tisch abzulegen. Zwischenzeitlich können die Tragenden bei überschüssigen Kräften ihn auch heben und senken.

Der Getragene lässt dabei seine Augen geschlossen. Es wird dabei geschwiegen.

Krabbelgruppe

10 bis 15 Minuten
Ab 5 Mitspieler für jede Gruppe

Jeweils fünf oder sechs Mitspieler schließen sich zu einer Krabbelgruppe zusammen. Jeweils einer lässt sich von der Krabbelgruppe tragen.

Und das geht so: Vier oder fünf Mitspieler knien sich in einer Reihe nebeneinander auf allen vieren nieder. Einer legt sich auf den Rücken der Knienden. Und ab geht es.

Die Knienden kriechen, robben oder krabbeln gemeinsam in gleicher Höhe durch den Raum.

Der jeweils Getragene hat das Gefühl, als würde er in einem aufgewühlten Wasserbett liegen. Der Getragene sollte während der Übung seine Augen geschlossen halten. Bei der Übung wird geschwiegen.

Das Vergnügen, in einem „Wasserbett zu liegen", sollte aus der Krabbelgruppe natürlich jeder einmal haben können.

Getragen werden

15 Minuten für den Übungsteil
Ab 9 Mitspieler
Benötigt wird ein Tisch.

Jeder kann sich „auf Händen tragen lassen". Dazu stellt sich einer mit dem Rücken zur Tischkante auf einen Tisch und lässt während der Übung seine Augen geschlossen. Es wird dabei geschwiegen.

Hinter ihm halten jetzt möglichst viele Hände sein Gewicht, so dass er sein Gewicht mehr und mehr abgeben kann. *Auf jeder Seite sollten mindestens vier Mitspieler sein.*

Dabei hält er seinen Körper steif, so dass er auch sein ganzes Körpergewicht abgeben kann und von seinen Spielpartnern durch den Raum getragen werden kann. So wird er „auf Händen getragen" und anschließend auf dem Tisch abgelegt.

„Getragen werden" kann die Tragenden schnell ermüden. Das Erlebnis „auf Händen getragen zu werden" ist einmalig und entschädigt für die Mühen aller.

Jeder sollte die Möglichkeit zum „sich fallenlassen" oder „auf Händen getragen zu werden" haben. Danach sollten die Fallenden und die Fänger ihre oft überraschenden Eindrücke zum „wie war's?" mitteilen können.

Zeitlupe

20 bis 30 Minuten bei mehreren Durchgängen
Ab 8 Mitspieler

Wir bilden zwei Gruppen. Jeweils im Wechsel rennt eine Gruppe in Zeitlupe um die Wette. Die anderen schauen dabei zu. Beim Gruppenrennen ist der Bewegungsfluss beizubehalten.

Dazu stellen wir uns beim Start nebeneinander auf und laufen in Zeitlupe drauflos. Im Bewegungsfluss spiegelt das Gesicht die Anstrengung, die Arme sind ausgefahren, die Schultern hochgerissen. Pass deine Atmung den Zeitlupenbewegungen an.

⇨ *Die Spielszenen*

Aufsteigen als Heißluftballon.
Autoverkehr bei Eisregen regeln.
Bergsteigen mit Sandalen.

Flussaufwärts schwimmen.
Rutschen über den zugefrorenen See.
Sich durch Menschenmassen drängeln.

Paarspiegel

20 bis 30 Minuten
Ab 6 Mitspieler

Wir bilden Spielpaare. Die Handlungen sind in Zeitlupe darzustellen. Während der Darstellungen berühren sich die Darsteller nicht und schweigen gleichzeitig. Darzustellen sind die Handlungen jeweils mit einem Rollenwechsel: Zuerst stellt A die Handlung vor und B macht sie nach.

Anschließend stellt B die Handlung dar und A macht B`s Handlung nach. Jede einzelne Darstellung ist auszuspielen. Bei mehr als zwölf Mitspielern ist die Gruppe in Zuschauer und Darsteller aufzuteilen. Es erfolgen dann zwei Durchgänge mit Rollenwechsel.

⇨ Die *Handlungsbeispiele*

Auf der Modenschau.
Autogrammstunde nach dem Konzert.
Doppelzentner-Hanteln heben.
Eine Spanplatte zur Baustelle tragen.

Eine Wand anstreichen.
Fitnesstraining und ausgehungert.
Krafttraining im Schönheitssalon.
Migräne und trotzdem lächeln.

Start der Raumkapsel.
Total bekifft den Airbus steuern.
Volle Gemüsekisten auf den Dachboden balancieren.
Windhundrennen.

Aufstehen zu zweit

10 Minuten bei mehreren Durchgängen
Ab 6 Mitspieler / Paarspiel

Natürlich kann jeder „allein" aufstehen. Bei uns ist das anders. Ein Spielpaar setzt sich auf den Boden gegenüber und fasst sich fest an den Händen. Steht nun mit einem gegenseitigen Händeziehen gemeinsam auf und setzt euch wieder hin. *Übung mehrmals wiederholen.*

Setzt euch jetzt Rücken an Rücken auf den Boden und hakt euch mit den Armen ein. Versucht mit einem gemeinsamen Rückendrücken aufzustehen und euch wieder hinzusetzen. *Übung mehrmals wiederholen.*

Danach wird es etwas schwieriger: Setzt euch Rücken an Rücken auf den Boden. Versucht ohne Armhilfe mit einem gemeinsamen Rückendrücken aufzustehen und euch wieder hinzusetzen. *Übung mehrmals wiederholen.*

Aufstehen im Kreis

10 Minuten bei mehreren Durchgängen
Ab 6 Mitspieler / Gruppenspiel

Wir setzen uns in einen engen Kreis zu jeweils sechs bis acht Mitspielern mit Blick nach außen. Jetzt versuchen wir gemeinsam aufzustehen. Fasst euch fest an die Hände.

Steht mit einem gegenseitigen Händeziehen auf und setzt euch wieder hin. *Übung mehrmals wiederholen.*

Kniemorsen

10 Minuten
Ab 8 Mitspieler / Gruppenspiel

Wir legen uns nebeneinander mit dem Rücken auf den Boden. Zieh deine Beine an und leg die Knie zur linken Seite, deinen Kopf zur rechten Seite und die Arme neben dem Kopf. Jetzt bist du für die Kniemorsezeichen empfangsfähig.

Die Kniemorsezeichen kommen von deinem linken Nachbarn. Dazu dreht er mit einem bestimmten Morsezeichen seine Knie nach rechts.

Du gibst das empfangene Morsezeichen mit deinen Knien an die Knie deines rechten Spielnachbarn weiter - beispielsweise zweimal kurz und zweimal lang. Dabei drehst du deine Knie nach rechts und deinen Kopf nach links.

Das Morsezeichen lässt sich nach jedem Duchgang verändern. Ist das Kniemorsezeichen beim letzten Mitspieler angelangt, sendet er ein anderes Morsezeichen zurück - jetzt von rechts nach links.

Die Rolle der Impulsgeber kann sich ändern, indem der Impulsgeber von der linken Seite nach seinem Impuls zur rechten Seite geht.

⇨ Spielvariation

Ab zwölf Mitspielern lässt sich ein Kreis bilden - die Beine liegen dann zur Kreismitte. Dabei können zeitgleich auch mehrere Sender aktiv sein.

Fünftes Kapitel: Spielen und hören

Zum Spieleinsatz 58
Satzbotschaft 59
Echo 60
Tonfunk 61
Kauen und summen 62
Rhythmusgehen 63
Was hörst du? 64

Zum Spieleinsatz

Das Kapitel *Spielen und hören* enthält einfache „Tonübungen", die eine hohe Präsenz von jedem Teilnehmer erfordern. Gleichzeitig lässt sich bei den Spielen die Breite akustischer zwischenmenschlicher Alltagssignale und der begleitenden körperlichen Ausdrucksformen als Resonanzboden erleben. Der Spieltrhythmus erfordert von allen Beteiligten eine hohe Präsens.

Die vorgeschlagene Spielzeit sollte möglicht eingehalten werden.

Satzbotschaft

10 bis 20 Minuten
Ab 8 Mitspieler

Wir stellen uns im Kreis. Jeder einzelne von uns spricht den gleichen Satz. Sprich den Satz angriffslustig, überzogen, gelangweilt, heulend, pfiffig, romantisch, lallend, zielsicher, vertraulich, angespannt, gelangweilt, funktional, starr.

Mach zum Beispielsatz abstrakte Bewegungen.

Weitere Variationen zur Darstellungsweise: Laufe, gehe, schreite, sprich überzeugend einen selbstgewählten Satz. Überzeuge deine Mitspieler.

Hieraus bilden sich zwei Gruppen mit jeweils einem eigenen Satz, die sich gegenseitig anfeuern. Gewinnt ein Satz die Oberhand, langsam den gleichen Satz brabbeln, stammeln, auslaufen lassen.

⇨ *Die Beispielsätze:*

Milch macht müde Männer munter.
Meinem Namen können sie vertrauen.
Härte braucht das Land.
Lieber dick als chic.

Wir bauen Häuser mit kräftigen Fundamenten.
Fischers frische Fische fischen.
Geld macht glücklich, wenn es einem gehört.
Der Wirt schafft für die Wirtschaft.

Echo

50 bis 60 Minuten
Ab 8 Mitspieler

Wir bilden Spielpaare. Frage und antworte deinem Spielpartner mit Tönen. Verständige dich mit einem Stöhnen, Lachen, Raunzen, Schnauben, Schnalzen, Wimmern, Seufzen, Husten und Räuspern. Sprich mit deinem geschlossenen Mund und beziehe deine Gestik und Mimik mit ein.

Verständige dich mit deinem Spielpartner mit Bewegungen. Verstärke deinen Körperausdruck mit der „Tonsprache". Verändere die räumliche Distanz. Führe die Unterhaltung im Wechsel zwischen der unmittelbaren Nähe und der ganzen Raumdistanz.

Zwei Spielpaare spielen jetzt zusammen. Die beiden Spielpaare stellen sich auf große Raumdistanz gegenüber. Alle anderen stellen sich an den Spielrand und schauen zu.

Ein Paar beginnt mit einem Echo. Das andere Paar spiegelt das Echo. Beim Echosenden und beim Echospiegeln ändern sich Körperpositionen und Stimmungen. Nutzt auch die Ecken des Raumes und lasst das Echo ausklingen.

Beim Senden können sich die Paare auf den Bauch oder auf den Rücken legen, an eine Wand lehnen, Rücken an Rücken stellen, die Augen schließen, hin und her schwanken, den ganzen Raum nutzen, in einer Ecke verkriechen.

Sie können singen, im Takt sprechen, Wörter in Buchstaben zerlegen. Sendet hauchend, brüllend, drohend, krächzend, ganz leise und ganz schnell.

Rollenwechsel: Die Tonangeber senden jetzt das Echo. Danach Gruppentausch.

Tonfunk

Etwa 10 Minuten
Ab 8 Mitspieler

Wir setzen uns im Kreis und fassen uns an den Händen. Schließ deine Augen. Einer von uns gibt einen Summ- oder Pfeifton an. Dieser Ton wird mit einem Händedruck weitergegeben und bis zu einem neuen Ton beibehalten.

Der Tonempfänger kann den Ton verändern und auch zurückschicken. So können gleichzeitig mehrere Summ- und Pfeiftöne im Kreis umherwandern. Nach mehreren Durchgängen: Bewege deinen Oberkörper passend zu den Tonwellen. Verstärke oder vermindere die Tonwelle mit einer Bewegungswelle.

Findet zu einem gemeinsamen Ton- und Bewegungsausklang.

Kauen und summen

10 Minuten
Ab 6 Mitspieler

Wir bilden einen Kreis. Du brauchst soviel Platz zu deinem Nachbarn, dass du ihn im Stand selbst mit deinen ausgestreckten Armen nicht berührst.

Atme durch deine Nase ein. Atme durch deinen Mund aus. Mach beim Einatmen mit deinen Händen Fäuste. Lass beim Ausatmen deine Hände wieder los. Wiederhole das Ein- und Ausatmen in deinem Rhythmus.

Kaue mit geöffnetem Mund. Schiebe dabei deinen Unterkiefer von links nach rechts, von rechts nach links. Deine Zunge ruht dabei auf dem Unterkiefer.

Geh mit deiner Zungenspitze bei geschlossenem Mund kräftig über die Außenseiten deiner Zähne rundherum in alle Winkel. Schmatze dabei nach Herzenslust.

Kaue mit deinen geschlossenen Augen. Lass dabei einen Ton kommen, ein Oh oder ein Summen. Halte dabei deine Augen geschlossen.

Geh langsam in die Richtung, in die der Summton dir am stärksten erscheint. Bleib stehen, wenn der Summton dir sehr nah erscheint.

Geh jetzt den Weg zurück. Setz dich. Verstumme. Öffne deine Augen.

Rhythmusgehen

5 bis 10 Minuten
Ab 6 Mitspieler

Wir gehen durch den Raum. Wähle einen gleichbleibenden Rhythmus zum Gehen und behalte ihn bei. Geh schnell, langsam, hektisch, reserviert oder in Intervallen.

Auf ein Zeichen hin begleitest du deinen Gehrhythmus mit Pfeifen, Schenkel- oder Händeklatschen. Auf ein weiteres Zeichen hin summst du zu deinem rhythmischen Gehen einen Ton.

Geh in deinem Rhythmus summend an den Raumwänden vorbei. Dreh dich mehrmals und halte dabei deinen Summton. Geh zur Raummitte.

Wir bilden einen großen Kreis und setzen uns im Schneidersitz. Behalte deinen Rhythmus bei. Robbe zur Raummitte vor. In der Mitte verstummst du.

Was hörst du?

10 bis 15 Minuten
Ab 8 Mitspieler

Einem Mitspieler werden die Augen verbunden. Alle anderen Mitspieler verteilen sich in etwa gleichmäßig im Raum und geben nacheinander einzeln oder zu mehreren Mitspielern *(vorher absprechen!)* ein Geräusch oder bestimmte Laute in einer unterschiedlichen Tonhöhe und Lautstärke von sich.

Das Geräusch ist vom Blinden zu erkennen:
⇨ Aus *welcher* Richtung kam das Geräusch?
⇨ Um *was* für ein Geräusch handelte es sich?

Bei einiger Übung ist auch erkennbar, ob ein *einzelner* Mitspieler oder ob *mehrere* Mitspieler das Geräusch oder die Laute gemacht haben.

Die Geräusche oder Laute können leise, schrill, unheimlich, nah, weit, eindringlich oder auch plätschernd sein. War es ein gefährliches Raubtier oder ein Rudel? War es das Quietschen eines Federbettes oder die Autofahrt ohne Auspuff? Der Fantasie sind keine Grenzen gesetzt.

Jeder Mitspieler sollte auch die Rolle des Blinden einnehmen. Mit der Übernahme der Rolle ist zur Orientierung für den Blinden von allen mindestens zehn Sekunden zu schweigen.

Sechstes Kapitel: Spielen und fühlen

Zum Spieleinsatz 66
Körperreise 67
Rückenklopfen 69
Rückenlegen *Grundform* 70
Rückenlegen *Variation* 70
Partnergleichgewicht 71
Komm 72
Gesichtsfühlen 73
Führen *Grundform* 75
Führen *Variation* 76
Wachsen 77
Schweben 78

Zum Spieleinsatz

Das Kapitel *Spielen und fühlen* enthält vor allem Gruppenspiele zur Raum- und Personenerkundung, die alle eine Wachheit aller Teilnehmer voraussetzen.

Sollten die Teilnehmer sich untereinander noch nicht oder kaum kennen, sind vorher zur Einstimmung Entspannungsspiele aus den Kapiteln *Spiele zum Einstieg* sowie *Atem- und Ruhespiele* einzusetzen.

Die Spiele lassen sich mit den gleichen Teilnehmern auch wiederholt nutzen.

Körperreise

15 bis 20 Minuten
Ab 6 Mitspieler

Leg dich auf den Boden. Sorge für eine ausreichende Liegefläche, ohne einen anderen zu behindern. Atme möglichst durch die Nase ein und durch den Mund aus. Atme langsam ein und atme erst dann wieder aus, wenn es notwendig ist.

Wiederhole das Atmen in deinem Rhythmus. Wir machen jetzt eine Reise durch den Körper. Atme durch die Nase ein, halte die Luft an, atme in einem Stoß durch den Mund aus. Finde dein eigenes Tempo.

Geh mit der Atmung in deine Beine. Fühle, wo die Kleidung, die Luft, die Auflagefläche zum Boden die Haut berühren. Fühle diese Stellen bei den Oberschenkeln, den Knien, den Unterschenkeln, den Waden und den Füßen. Fühle die Beine als Ganzes, die Bein- und Gesäßmuskeln.

Geh mit der Atmung zu deinen Armen. Gehe zuerst zum rechten, dann zum linken Arm. Fühle, wo die Kleidung, die Luft, die Auflagefläche zum Boden die Haut berühren. Fühle die Oberarme, die Ellenbogen, die Unterarme, die Handgelenke, die Hände und die einzelnen Finger. Fühle deine Arme als Ganzes.

Geh zu deinem Rücken. Fühle den Körperkontakt zum Boden, fühle die rechte Schulter und die linke Schulter. Geh abwärts zum Lendenbereich. Fühle das Gesäß, die Geschlechtsteile, die Innenseiten der Oberschenkel. Geh zu deinem Unterleib.

Fühle die Hüften, den Bauch, die Bauchmuskeln, fühle die linke und die rechte Brust. Fühle den seitlichen Oberkörper.

Geh zum Nacken. Fühle, wo die Kleidung, die Luft, der Boden die Haut berühren. Fühle die Halspartien, den Hinterkopf, Stirn, Schläfen, linke und rechte Wange, Nase, linkes und rechtes Auge, Augenpartien, Mundpartien, Kiefer. Spüre den Kopf als Ganzes.

Fühle an deinem ganzen Körper die Kleidung auf deiner Haut und den Körperkontakt zur Auflagefläche auf dem Boden. Geh für dich die Stationen durch, die wir gemeinsam gegangen sind. Du hast Zeit.

Eine Minute verweilen.

Höre, rieche, spüre die Eindrücke aus dem Raum. Wenn es dir genug ist, leg dich in die Position, in der du morgens häufig aufwachst.

Lass dabei deine Augen noch geschlossen. Bleibe noch eine Weile bei dir. Öffne deine Augen. Sieh dich im Raum um und die Menschen an. Guten Tag.

Rückenklopfen

10 bis 15 Minuten
Ab 6 Mitspieler

Wir bilden Spielpaare mit etwa gleicher Körpergröße. Stellt euch hintereinander. Der vordere Spielpartner spreizt seine Beine ab und beugt den Oberkörper mit runterhängendem Kopf nach vorne.

Der hintere Spielpartner klopft mit seinen offenen Handinnenseiten im Rhythmus auf den Rücken seines Spielpartners. Beginne mit dem Klopfen bei den Schulterpartien, ende mit dem Klopfen bei den Beinen. Spare dabei die Wirbelsäule aus.

Beginne beim Ausstreichen bei den Schulterpartien, streiche gleichmäßig. Streiche zum Abschluss mit den geöffneten Handinnenseiten die abgeklopften Körperpartien ab.

Der vordere Spielpartner lässt den Mund geöffnet und beim Klopfen einen Summ- oder Pfeifton kommen. Danach Rollentausch.

Rückenlegen *Grundform*

15 bis 20 Minuten
Ab 4 Mitspieler

Wir bilden Spielpaare. Einer legt sich mit dem Bauch auf den
Boden. Sein Spielpartner kniet sich vor ihm auf den Boden. Leg
die geöffneten Handinnenseiten auf den Rücken des Liegenden
und klopfe mit deinen Händen auf seinen Rücken. Lass beim
Rückenklopfen deine Hände leicht auf den Rücken fallen.

Übungsabfolge: Schulterpartien, Arme, Seitenpartien am Ober-
körper, Gesäß, Innen- und Seitenpartien der Beine und Füße.
Klopfe mit den Händen im gleichen Rhythmus. Anschließend
Rollenwechsel.

Rückenlegen *Variation*

15 bis 20 Minuten
Ab 4 Mitspieler

Wir bilden Spielpaare. Einer der Spielpartner legt sich auf den
Rücken und lässt seine vorderen Körperpartien durchklopfen.
Der Liegende legt dabei seine Arme neben seinen Körper. Seine
Augen kann er dabei offen lassen.

Der Liegende kann seinem Partner sagen, welche Körperpartien
er etwas ausführlicher durchgeklopft haben möchte und welche
seiner Körperpartien auszusparen sind. Der Übungsablauf ist
der Abfolge bei der Bauchlage vergleichbar. Anschließend
Rollenwechsel.

70

Partnergleichgewicht

10 bis 15 Minuten
Ab 6 Mitspieler

Wir bilden Spielpaare für Übungen mit dem Gleichgewicht, wobei die Spielpartner etwa die gleiche Körpergröße haben sollten.

Stell dich vor deinen Spielpartner. Fasse deinen Partner an den Händen und ziehe ihn bedächtig aus dem Stand.

Stellt euch Rücken an Rücken. Geht zusammen in die Hocke, kommt zusammen wieder hoch. Dabei bleibt das Gesäß am Gesäß, der Rücken am Rücken. Das Gleichgewicht mit dem Rücken kannst du leicht mit dem Gegendruck der Handinnenseiten halten.

Stell dich auf ein Bein vor deinen Spielpartner. Halte mit den Händen das Gleichgewicht. Wippe zusammen mit deinem Partner seitwärts, Richtung Boden, Richtung Decke.

Stell dich vor deinen Partner. Leg die Arme auf die Schulter deines Partners. Schließt die Augen.

Öffne deine Augen und bilde mit deinem Partner angewinkelte Kerzen und halte mit ihm das Gleichgewicht. Verändere den Haltepunkt. Haltet das Gleichgewicht einmal mit dem rechten und einmal mit dem linken Ellenbogen.

Komm

15 bis 20 Minuten
Ab 8 Mitspieler

Wir bilden Spielpaare. Einer schließt seine Augen. Der andere Partner führt seinen blinden Spielpartner durch den Raum und gewöhnt ihn an diese Form der Fortbewegung.

Führe den blinden Spielpartner in kurzen Abständen vor Begreifbarem wie Pflanzen, Gegenstände und andere Blinde. Betaste für einige Augenblicke die Gegenstände und Personen. *Das Betasten der Personen setzt das Einverständnis beider voraus.*

Während des Abtastens wird geschwiegen. Beim Betasten von Personen tastet einer und der andere lässt sich betasten. Wird einem Mitspieler das Abtasten zu intim, zeigt er dem Taster, wie und was für ihn annehmbar ist. Danach Rollentausch.

⇨ *Spielvariation*

Erreiche Gegenstände und Personen mit geschlossenen Augen. Danach Rollenwechsel.

Gesichtsfühlen

20 bis 30 Minuten
Ab 6 Mitspieler

Leg oder setz dich für eine Körperübung zu einem Partner. Schließe deine Augen. Atme langsam durch die Nase ein, durch den Mund aus. Spüre deine Hände, die linke, die rechte Hand. Spüre die Finger.

Spüre die Innenflächen, die Außenflächen der Hände. Bewege die Finger deiner Hände, zuerst die Finger der linken, dann die Finger der rechten Hand: Daumen, Zeigefinger, Mittelfinger, Ringfinger, kleiner Finger; jetzt die Finger deiner rechten Hand: Daumen, Zeigefinger, Mittelfinger, Ringfinger und den kleinen Finger.

Reibe deine Handflächen aneinander, fahre zart mit deinen eigenen Händen zu bestimmten Stellen deines Körpers. Streichle zuerst dein Gesicht.

Erkunde die Größe, die Weiche, die Wärme deines eigenen Gesichts. Fühle deine Lippen, die Wangen, deine Augen, die Augenpartien, deine Stirn, deinen Nacken.

Leg deine Hände auf deinen Bauch. Bleibe bei dir. Lass deine Augen geschlossen. Atme langsam ein und aus.

Eine Minute verweilen.

Öffne deine Augen. Wende dich deinem Partner zu. Vereinbare, wer zuerst den aktiven, wer den passiven Part der Übung macht.

73

Der Aktive erkundigt das Gesicht des Passiven mit seinen Händen.

Der Passive schließt seine Augen. Es kann vorkommen, dass deine Hände anfänglich schwitzen. Nimm dir die Zeit, die du brauchst, um dich an deinen Partner zu gewöhnen.

Erkunde nach deinen eigenen Vorstellungen das Gesicht des Partners mit deinen Händen, mit deinen einzelnen Fingern. Mache langsam.

Fahre behutsam an der gleichen Stelle mehrmals über die Haut deines Partners auf seiner Stirn, an den Seiten, auf den Wangen, der Nase entlang, um den Mund herum.

Lass eine Hand eine längere Zeit einfach auf seiner Wange liegen, während du mit zwei Fingern die Konturen der anderen Gesichtshälfte nachzeichnest. Sieh dir das Gesicht deines Partners an. Hat sich etwas verändert? Fühlt sich die Haut anders an?

Wenn es dir reicht, setzt oder legst du dich neben deinen Partner und schließt deine Augen. Dein Partner öffnet nach einer Weile seine Augen und erkundet in seiner Art dein Gesicht.

Führen *Grundform*

10 bis 15 Minuten mit Rollentausch
Ab 6 Mitspieler

Wir bilden Spielpaare. Einer führt, einer wird geführt. Der Führende nimmt sich eine Hand seines zu führenden Partners und geht mit ihm durch den Raum. Mach als Geführter deine Augen zu.

Der Führende führt dich mit seinem Zeigefingerdruck. Damit sagt er, in welche Richtung du gehen sollst und schützt dich vor einem Zusammenstoß mit einer Wand oder einem anderen Mitspieler.

Der Zeigefinger deutet dir die Richtung vorne, rückwärts und seitwärts an. Mit den Informationen des Zeigefingers kannst du in die Hocke oder über Stühle gehen. Anschließend Rollentausch.

Führen *Variation*

10 bis 15 Minuten mit Rollentausch
Ab 6 Mitspieler

Wir bilden Spielpaare. Einer führt, einer wird geführt. Mach als Geführter deine Augen zu. Führe deinen Partner zuerst mit einem Ton. Du kannst grunzen, pfeifen, schnaufen oder piepen. Behalte deinen Ton während deiner Führung bei.

Drücke Gefahr mit einem beharrlichen Grunzen aus.

⇨ *Spielvaration*

Klatsche eine Richtungsänderung von der Seite aus, wohin der Geführte gehen soll. Geh als Geführter in die Richtung des Klatschens.

Führe deinen Partner mit einem beliebigen Gegenstand. Der Blinde geht nach dem Geräusch oder Ton des Gegenstandes.

Wachsen

15 bis 20 Minuten
Ab 8 Mitspieler

Geh durch den Raum, ohne einen anderen zu behindern. Leg dich auf den Boden. Schließe deine Augen und wachse. Du wächst, wirst größer und größer. Mach langsam.

Beginne beim Wachsen zuerst mit deinen Fingern, dann folgen deine Hände und die Arme. Wachse mit den Füßen, den Beinen. Wachse mit dem Kopf. Wachse mit dem Oberkörper, dem ganzen Körper. Wachse auch seitwärts nach links und rechts.

Wachse in die Höhe. Wachse dabei auch über und unter andere, ohne einen zu erdrücken. Deine Augen bleiben dabei geschlossen. Werde größer und größer. Dein Wachsen endet da, wo du deine Größe erreicht hast, bei der du noch einen festen Bodenhalt hast. Öffne deine Augen.

Verharre in deiner Größe, bis auch die anderen Pflanzen ausgewachsen sind. Wachse mit deiner Größe durch den Raum. Wachse gemeinsam mit anderen. Mach langsam. Du hast Zeit.

Schweben

30 Minuten bei mehreren Durchgängen
10 Mitspieler pro Spielgruppe

Jeweils zehn Mitspieler bilden eine Spielgruppe. Ein Mitspieler einer jeden Gruppe legt sich ausgestreckt auf den Boden. Zu beiden Körperseiten stellen sich mindestens vier Mitspieler auf.

Der neunte Mitspieler stellt sich hinter den Kopf des Liegenden. Alle gehen jetzt in die Hocke, legen behutsam ihre Hände für kurze Zeit auf den Körper des Liegenden.

Fasse nun mit den Handinnenseiten sachte unter den Körper des Liegenden und hebe ihn gleichmäßig mit deinen Spielnachbarn hoch. Der Schwebende ist bis zur Kopfhöhe des kleinsten Trägers anzuheben, einmal etwas höher, einmal etwas tiefer.

Während des Schwebens wird geschwiegen. Nach mehreren Minuten ist der Schwebende vorsichtig zum Boden herabzulassen. Zum Abschied legen die Träger ihre Handinnenseite für kurze Zeit auf den Körper des Liegenden.

Jeder Mitspieler sollte die Möglichkeit zum Schweben haben.

Siebtes Kapitel: Spielen und tasten

Zum Spieleinsatz 80
Tastkontakt 81
Blindkontakt *Grundform* 82
Blindkontakt *Variation* 82
Handauflegen 83
Knappen 84
Zeitlupenkontakt 84
Seebärengrätschkette 85
Hände sehen 86
Wer ist es? 86

Zum Spieleinsatz

Das Kapitel *Spielen und tasten* enthält Übungen im Umgang mit der räumlichen und körperlichen Nähe zu anderen Spielpartnern. Die möglichen Sinneseindrücke erfordern bei Bodenübungen einen vorbeugenden Schutz vor vermeidbaren äußeren Beeinträchtigungen (siehe S. 12). Die Teilnehmer sollten sich untereinander kennen.

Tastkontakt

30 bis 40 Minuten
8 Mitspieler je Gruppe

Bis zu acht Mitspieler bilden eine Gruppe. Einer der Mitspieler legt sich auf den Bauch. Der Kopf des Liegenden kann auf einen weichen Untergrund gelegt werden *(Decke / Pullover)*.

Die anderen Mitspieler knien um den Liegenden. Leg deine Hände mit den geöffneten Innenseiten auf den Rücken und die Beine des Liegenden.

Taste mit deinen Fingern. Verstärke beim Abtasten deinen Fingerdruck. Knete mit allen Fingern den Rücken des Liegenden, ohne ihm einen Schmerz zuzufügen.

Die Wirbelsäule ist auszusparen.

Streiche großflächig mit den Handrücken den Rücken Richtung Beine ab. Werde langsamer, ruhe mit den Händen auf dem Körper des Liegenden.

Vermindere den Handdruck, hebe die Hände wieder hoch. Anschließend: Bis zu drei weitere Durchgänge mit jeweils anderen Liegenden.

Blindkontakt *Grundform*

10 bis 15 Minuten
Ab 8 Mitspieler
Die Mitspieler sollten sich untereinander kennen.

Einem Mitspieler werden die Augen verbunden und er wird dann mehrmals um seine eigene Achse gedreht. Als Blinder hat er die Aufgabe, einen anderen Mitspieler durch tasten zu erkennen.

Die anderen Mitspieler sitzen dazu in einem Stuhlkreis. Wird der richtige herausgefunden, so wird er zum neuen Blinden.

Blindkontakt *Variation*

10 bis 15 Minuten
Ab 8 Mitspieler
Die Mitspieler sollten sich untereinander kennen.

Einem Mitspieler werden die Augen verbunden und er wird dann mehrmals um seine eigene Achse gedreht. Damit die Aufgabe für den Blinden möglichst schwer zu lösen ist, tauschen die Mitspieler untereinander
⇨ ihren Platz im Stuhlkreis und
⇨ Kleidungsgegenstände.

Zusätzlich lassen sich Brillen ablegen und die Frisur verändern. Klappt es dann immer noch?

Handauflegen

15 bis 20 Minuten
Ab 4 Mitspieler

Wir bilden Spielpaare. Einer legt sich mit dem Rücken auf den Boden und macht seine Augen zu. Sein Spielpartner kniet sich neben ihn auf den Boden und nimmt Kontakt zum Liegenden auf. Du hast Zeit.

Leg die Hände mit deinen geöffneten Handinnenseiten auf den Bauch deines Partners. Spüre seine Atmung und Wärme. Achte seine Intimität.

Leg die Hand im Wechsel auf eine andere Körperstelle deines Partners. Leg deine Hände beispielsweise auf die Stirn, auf die Arme, die Beine, die Füße, die Schulterpartien oder auf den Bauch.

Lass dabei deine linke Hand liegen, während du die rechte Hand auf einen anderen Körperteil deines Partners legst. Dann lässt du die rechte Hand liegen und die linke Hand legst du auf einen anderen Körperteil. Mache den Wechsel deiner Hände nach deinem Gefühl weiter.

Wenn es deiner Meinung nach reicht, leg den Partner auf die linke Seite. *Hast du eine Decke, so decke ihn jetzt zu.* Lass deinen Partner eine Weile mit sich allein. Bleibe während dieser Zeit in der Nähe deines Partners.

Anschließend Rollentausch.

Knappen

10 bis 15 Minuten bei mehreren Durchgängen
Ab 8 Mitspieler

Wir bilden einen Kreis und haken uns unter die Arme der
Spielnachbarn. Wir sind Knappen wichtiger Rittersleute aus
dem Mittelalter - das Mittelalter ist so die Zeit nach Christi Ge-
burt und kurz vor der Erfindung des Walkmans. Es langweilt
uns und wir stehen auf einem Floß *(auf einer vorher festgeleg-
ten Spielfläche)*.

Wirf die anderen Knappen in Zeitlupe ins Wasser. Reagiere in
Zeitlupe. Drücke, bluffe, kitzele, wirf, verführe und brülle in
Zeitlupe.

Im Wasser wälzt sich der einzelne Knappe genügsam in Zeitlupe mit seiner schweren Rüstung. Anschließend begibt er sich
behutsam zu einem kleinen Nickerchen ans Ufer.

Zeitlupenkontakt

10 bis 15 Minuten
Ab 6 Mitspieler

Wir bilden einen großen Kreis und schließen die Augen. Auf
ein Zeichen hin geht jeder im Zeitlupentempo zur Kreismitte.
Nimm einen Tastkontakt zu einem anderen auf.

Erforsche sein Gesicht, seine Arme, seinen Rücken. Hast du genug geforscht, gehst du zum Spielrand und öffnest deine Augen.

84

Seebärengrätschkette

10 bis 15 Minuten
Ab 12 Mitspieler

Wir sind Seebären und stellen uns mit gegrätschten Beinen hintereinander auf. Greife mit deiner linken Hand durch deine gegrätschten Beine nach der rechten Hand von deinem hinteren Nachbarn. So bilden wir eine Seebärengrätschkette. Der Letzte in unserer Seebärengrätschkette legt sich auf den Rücken. Zieh dabei langsam deinen vorderen Nachbarn mit zu Boden.

Dein Nachbar steigt breitbeinig im Seemannsgang über dich hinweg und legt sich hinter dir auf den Rücken, ohne dabei seinen vorderen Nachbarn loszulassen.

Diese Kettenreaktion erfasst nach und nach alle. Alle machen im Seemannsgang ihren Abgang, ohne die Hände loszulassen.

Liegt der letzte Seebär auf dem Boden, steht er sofort wieder auf und geht vorwärts. Dabei zieht er im Seemannsgang den Nächsten auf die Beine, bis alle Seebären wieder stehen.

Hände sehen

20 Minuten
Ab 8 Mitspieler

Wir bilden Spielpaare. Stellt euch voreinander und seht euch an.
A schließt die Augen. B verändert seine Körperhaltung. Der
Blinde ertastet die veränderte Körperhaltung von B und über-
nimmt anschließend die Körperposition von B.

Danach macht A seine Augen auf und vergleicht seine Körper-
position mit der von B. Der Übungswechsel ist zu wiederholen.
Nach einiger Übung lassen sich bei der Körperhaltung auch
Details verändern.

Wer ist es?

20 bis 30 Minuten
Ab 8 Mitspieler

Einem Mitspieler werden die Augen verbunden. Ein anderer
Mitspieler setzt sich an einen beliebigen Platz im Raum. Die
Aufgabe des Blinden ist es, mit Tasten den anderen Mitspieler
zu erraten. Natürlich zieht der Sitzende vorher verräterische
Brillen und Schuhe aus und kann zur Täuschung auch Klei-
dungsgegenstände anderer Mitspieler anziehen.

Alle anderen Mitspieler sehen beim Ertasten zu. Jeder Mitspieler sollte beide Rollen mindestens einmal einnehmen. Das Spiel
ist schwieriger, als es auf den ersten Moment erscheint.

86

Achtes Kapitel: Spiele für die Sinne

Zum Spieleinsatz 88
Blickwinkel 89
Abstraktaction 90
Fischgräte 92
Körperwahrnehmung 93
Kopfhalten 94
Doppelkreis *sehen* 95
Doppelkreis *tasten* 95
Kunstwerk 96

Zum Spieleinsatz

Das Kapitel *Spiele für die Sinne* enthält intensive Wahrnehmungsspiele zum Wechselverhältnis zwischen sich (dem ich) und dem anderen Spielpartner (dem du).

Die möglichen Sinneseindrücke erfordern bei Bodenübungen einen vorbeugenden Schutz vor vermeidbaren äußeren Beeinträchtigungen (siehe S. 12). Die Teilnehmer sollten sich untereinander kennen.

Blickwinkel

10 bis 20 Minuten
Ab 6 Mitspieler

Wir gehen langsam durch den Raum. Bleibe an einer Stelle im Raum stehen. Schließe deine Augen. Atme langsam durch die Nase ein und mit einem Stoß durch den Mund aus.

Balle beim Einatmen deine Hände zu Fäusten oder spreize dabei deine Hände kräftig ab. Lass beim Ausatmen deine Hände wieder los. Atme mehrmals in deinem Rhythmus ein und aus. Bleibe bei dir. Lass deine Augen geschlossen.

Öffne deine Augen. Erkunde deine nähere Umgebung. Lass die Eindrücke von deinen Nachbarn, vom Raum, von der Atmosphäre auf dich einwirken. Sieh dir auch die Wände, den Boden, deine anderen Mitspieler an.

Nimm einen anderen Standort im Raum ein. Lass die Veränderungen auf dich wirken. Achte dabei auch auf Kleinigkeiten. Verändere deinen Standort mehrmals. Betrachte Details deines Nachbarn. Verändere hierzu mehrmals die Blickperspektive.

Achte auf seine Hände: Sind sie verschlossen, sind sie geöffnet? Achte auf die Stellung seiner Arme, seiner Beine. Achte auf seine Mimik, seine Körperhaltung, seine Motorik. Stell dich mit deinem Rücken vor eine Wand. Blicke in den Raum. Schließe deine Augen. Bleibe bei dir. Atme langsam ein und aus.

Öffne deine Augen. Betrachte den Raum, die Einrichtung, deinen nächsten Nachbarn. Lass alles auf dich wirken.

Abstraktaction

20 bis 30 Minuten
Ab 6 Mitspieler

Wir bilden einen großen Kreis. Stell dich so hin, dass du einen festen Kontakt zum Boden hast. Atme durch die Nase ein und durch den Mund aus.

Halte die Luft beim Einatmen vier bis fünf Sekunden an. Atme in einem Zug aus. Lass beim Ausatmen ein Zischen oder Pfeifen kommen. Atme in deinem Rhythmus ein und aus. Presse beim Einatmen deinen Kopf nach vorne und nimm ihn beim Ausatmen zur Ausgangsposition zurück.

Drücke mit deinen Schultern aus: Überraschung, Abwehr, Furcht, Macht, Erschrecken, Angst, Anmaßung, Schwäche, Abhängigkeit, Wut, Erleichterung, Neugierde, Enttäuschung, Freude, Wohlwollen und Selbstbewusstsein.

Drücke mit deinen Händen und Armen aus: Nehmen, abwehren, ziehen, zeigen, herbeizitieren, reißen, drücken, zerreißen, zeigen, wegdrücken, herbeiwinken, begrüßen, berühren, holen, herausnehmen, verstecken, deuten und geben.

Du bewegst dich als Astro- oder Kosmonaut schwerelos in deiner Raumkapsel. Drücke dieses mit den Händen, mit den Armen, mit der Körperhaltung aus: Du bewegst dich in der Kapsel, du tauchst, schwebst, fliegst und robbst.

Verschiedene Handbewegungen: Mache mit dem linken Arm Quadrate und mit dem rechten Arm kreisförmige Bewegungen. Beginne mit kleinen Bewegungen, die sich langsam vergrößern.

Zum Schluss stehst du auf den Zehen, machst Riesenquadrate und Riesenkreise.

Als hätte dich der Blitz getroffen: Berühre mit deinen Händen blitzschnell ein bestimmtes Körperteil. Die linke Hand zuckt zum Kopf und die rechte Hand zuckt zu deiner Ferse. Die linke Hand zuckt zu deinem Rücken und die rechte Hand zuckt an deine Schenkel. Bewege dich durch den Raum und achte auf deine Handbewegungen.

Setz deine Hände bewusst ein. Du bist mitten in einer Menschenmenge und wirst nur mit deinen hochgezogenen Schultern und deinen hochgestreckten Armen verstanden. Verständige dich mit anderen Mitspielern.

Stelle einen Kontakt zwischen dir und den Gegenständen des Raumes her. Die Kontaktaufnahme erfolgt mit Armbewegungen: Kreise mit dem linken Arm, mache mit dem rechten Arm Rechtecke. Links Quadrate, rechts Ovale. Links geht der Arm auf und ab, rechts schlägst du Kreuze. Links schlägst du Kreuze, rechts machst du Kreise.

Nimm mit deinen Hand- und Armbewegungen Kontakt zu anderen Mitspielern auf. Beziehe deine Schultern, deinen Kopf und deinen Körper mit ein.

Mache sehr langsam. Du hast Zeit.

Fischgräte

10 bis 20 Minuten
Ab 8 Mitspieler
Entspannungsmusik abspielen und bei einem harten Boden sind vorher für jeden Mitspieler Decken auszulegen.

Wir schließen unsere Augen, gehen langsam durch den Raum. Suche dir außerhalb der Raummitte einen Platz und leg dich dort hin. Konzentriere dich auf dich selbst. Atme langsam durch die Nase ein und durch den Mund aus. Bleibe bei dir und lass die Augen geschlossen.

Nach mehreren Minuten holt der Spielleiter die Mitspieler - *die ihre Augen dabei geschlossen lassen* - nacheinander in die Raummitte. Jeden Mitspieler legt er nacheinander behutsam im kreisrunden Fischgrätenmuster hin.

Dabei legt er den Kopf des zweiten Mitspielers auf den Bauch des ersten Mitspielers, den Kopf des dritten Mitspielers auf den Bauch des zweiten Mitspielers. Dabei kann jeder auch das Herzklopfen seines Partners hören.

Der Kopf des ersten Mitspielers ist somit auf den Bauch des letzten Mitspielers zu legen. Auch der zuletzt in die Zickzackform hingelegte Mitspieler sollte mehrere Minuten im Fischgrätenmuster liegen.

Jeder Mitspieler bleibt solange mit geschlossenen Augen auf seinem Platz liegen, bis der Spielleiter ihn weckt.

Körperwahrnehmung

15 bis 20 Minuten
Ab 6 Mitspieler

Wir legen uns auf den Boden, ohne einen anderen zu behindern. Lockere den Gürtel, leg die Brille oder die Armbanduhr beiseite. Leg deine Hände auf dein Zwerchfell und schließe deine Augen. Du spürst den Fluss deiner Atmung.

Du spürst deine Füße und Fußsohlen. Du spürst deine Unterschenkel. Du spürst deine Knie und Oberschenkel. Du spürst dein Gesäß. Du spürst die Größe und Ausdehnung deines Rückens.

Du spürst deine Schulter und die Schulterblätter. Du spürst deinen Bauch. Du spürst deine linke und rechte Brust. Du spürst deine Hände mit den einzelnen Fingern.

Du spürst deine Unter- und Oberarme. Du spürst deine Arme als Ganzes. Du spürst deinen Nacken, deinen Hals. Du spürst deinen Kopf als Ganzes.

Du spürst dein Gesicht. Du spürst deine Gesichtspartien. Du spürst deine Stirn, die Wangen, die Nase. Du spürst deine Mundpartien. Du spürst dein Gesicht als Ganzes.

Dein Atmen fließt in deinen Körper. Er fließt auch in deine Beine und Arme. Dein Atmen erreicht deinen Kopf. Dein Körper wird warm und deine Adern werden lebendig. Du fühlst deinen Körper. Du lässt den Raum auf dich wirken. Du spürst die Temperatur im Raum. Du achtest auf die Geräusche. Du nimmst die Gerüche wahr. Du spürst die Atmosphäre im Raum.

Bleibe bei dir. Lass deine Augen noch geschlossen. Atme langsam ein und aus. Öffne deine Augen. Lass die nähere Umgebung des Raumes auf dich wirken.

Etwa zwei Minuten verweilen.

Wenn du möchtest: Geh zu einem Partner deiner Wahl. Erzähle von deinen und frage nach seinen Eindrücken. Seine Eindrücke sind keine Wertung. Rechtfertige nicht.

Kopfhalten

10 mit 15 Minuten mit Rollentausch
Ab 6 Mitspieler / Paarspiel
Die Mitspieler sollten sich untereinander kennen. Entspannungsmusik empfohlen.

Wir bilden Spielpaare. Einer setzt sich im Schneidersitz hin und legt seine beiden geöffneten Hände auf seine Füße.

Sein Spielpartner legt sich lang ausgestreckt vor ihm hin und legt seinen Kopf in die geöffneten Hände. Beide verweilen mehrere Minuten in dieser Position. Während der Übung wird geschwiegen.

Danach Rollentausch.

Doppelkreis *sehen*

10 Minuten
8 bis 20 Mitspieler

Wir bilden einen Innenkreis und einen Außenkreis - dabei sehen die Mitspieler vom Innenkreis nach außen und die Mitspieler des Außenkreises sehen nach innen zur Kreismitte hin. So stehen (oder sitzen) sich jeweils zwei Mitspieler gegenüber.

Sieh dir dein Gegenüber an, ohne dabei zu sprechen oder zu lachen. *Schließe deine Augen, wenn dir zum Lachen zumute ist.*

Sieh dir sein Gesicht, seine Gesichtskonturen genau an. Jeweils im Takt von einer bis zu zwei Minuten wechselt der Innenkreis im Uhrzeigersinn zum nächsten Teilnehmer. *Ab zwölf Mitspieler ist der Blickkontakt auf jeweils eine Minute zu begrenzen.*

Doppelkreis *tasten*

5 bis 10 Minuten
8 bis 20 Mitspieler

Wir bilden wieder einen Innen- und einen Außenkreis. Die Mitspieler vom Innenkreis setzen sich hin und schließen dabei ihre Augen. Die Mitspieler vom Außenkreis spielen im Takt von einer Minute mit den Händen ihrer Partner.

Dabei betasten sie sachte die Hände ihrer Partner. Beim Tasten können sie ebenfalls ihre Augen schließen. Danach rücken sie zum Nächsten weiter. *Danach Rollenwechel.*

Kunstwerk

5 bis 10 Minuten
Ab 8 Mitspieler / Partnerspiel

Wir verteilen uns im Raum. Geh langsam, werde schneller. Geh schnell. Geh langsamer, noch langsamer, schleiche. Schließ dich auf ein Zeichen *(Zuruf, klatschen, pfeifen)* mit einem Spielpartner zusammen.

Stellt euch voreinander von Angesicht zu Angesicht hin. Schafft ein Kunstwerk. Einer ist der Künstler. Sein Partner friert in seiner Bewegung ein und lässt sich zu einem Kunstwerk formen.

Denk dir die Rolle aus, die zu deinem Partner passt: Schlachtenbummler, Marktschreier, Straßengulli, Wasserfontäne, Sandburgenbauer? Beweg deinen Partner in die Körperposition der ausgedachten Rolle. Beweg die Arme, die Beine, den Kopf, die Körperhaltung, die Mimik.

Betrachte dein fertiges Kunstwerk. Schließ die Augen. Dein Kunstwerk verändert sich mit sichtbaren Kleinigkeiten - wie Schließen der Augen, Faust bilden, Einknicken zu einer Seite.

Nach mehreren Änderungen können die Künstler einen Gang durch das Museum unternehmen und sich auch gemeinsam die anderen geformten Figuren ansehen und ihnen auch - wenn gewünscht - einen Namen geben. Die Figuren bleiben während des Rundgangs in ihrer eingefrorenen Position.

Danach Rollenwechsel: Die Figuren modellieren die Künstler und machen zum Schluss einen „Museumsbesuch".

Neuntes Kapitel:
Spiele zur Vorstellungskraft

Zum Spieleinsatz 98
Doppelszene *Grundform* 99
Doppelszene *Variation* 100
Wanderung der Kindheit 101
Wanderung der Gegenwart 102
Luftballon 103
Mondreise 105
Gestensprache 108
Kinderreise 109
Erholung 111
Fluss 112
Gezeiten 112
Egoreise 113
Dein Tag 115
Luftschiff 116

Zum Spieleinsatz

Die *Spiele zur Vorstellungskraft* erfordern von den Teilnehmern die Bereitschaft und Offenheit in der Imagination „sich darstellen". Bei der Improvisation steht der eigene Standpunkt im Vordergrund des Spielgeschehens. Hiermit kann sich jeder selbst herausfordern und sich auch an anderen „reiben".

Den Spielen sollten Bewegungs- und Konzentrationsübungen aus den Kapiteln *Atem- und Ruhespiele* sowie *Bewegen und ankommen* vorausgehen. Die Teilnehmer sollten sich untereinander kennen.

Doppelszene *Grundform*

20 bis 30 Minuten
Ab 8 Mitspieler
Zettel vorbereiten, auf denen die Handlungen stehen

Wir bilden zwei Gruppen. Jede Gruppe erhält zusammengefalte-
te Zettel, auf denen die gleichen Handlungen stehen. Von jeder
Gruppe zieht sich jeder Mitspieler einen dieser Zettel.

Beim ersten Durchlauf beginnt ein Darsteller der Gruppe A und
beim zweiten Durchlauf beginnt ein Darsteller der Gruppe B die
jeweilige Handlung zu improvisieren.

Erkennt einer aus der anderen Gruppe seine eigene Handlung,
geht er in die Spielhandlung hinein. Beide Spielpartner führen
die Improvisation gemeinsam zum Abschluss.

⇨ *Die Alltagshandlungen*

Ansprache halten.
Auto waschen.
Autogramme als Rockstar geben.
Autoverkehr umleiten.
Blumen gießen und beschneiden.

Brief schreiben.
Computer bedienen.
Einparken.
Fahrkarten verkaufen.
Frisur schneiden.

Geschenk einpacken.

Geschirr spülen.
Hof kehren.
Hund füttern.
Kind füttern und trösten.

Kuchenblech auskratzen und einfetten.
Radiosender einstellen.
Schafe hüten.
Telefongespräch führen.
Treppe fegen.

Unfall auf der Polizeistation melden.
Warenreklamationen annehmen.
Wäsche bügeln und falten.
Weihnachtsbaum schmücken.
Zwiebeln schneiden.

Doppelszene *Variation*

30 bis 40 Minuten
Ab 8 Mitspieler
Zettel vorbereiten, auf denen die Handlungen stehen

Wir bilden jeweils zwei Spielpaare. Eine Handlung wird von einem Spielpaar improvisiert. Ein weiteres Spielpaar geht mit ihrer dazu passenden Spielhandlung nach zwei Minuten in das Spielgeschehen des ersten Spielpaares hinein.

Das erste Spielpaar reagiert auf diese veränderte Situation. Beide Spielpaare entwickeln mit ihren Ausgangssituationen eine andere Szene.

Die Höchstspielzeit für jeden Durchlauf ist vor dem Spielbeginn festzulegen.

Wanderung der Kindheit

5 bis 10 Minuten
Ab 6 Mitspieler

Wir verteilen uns etwa gleichmäßig im Raum. Wir machen eine Wanderung in die vergangene Zeit - die Kindheit. Erinnerst du dich noch an ein bestimmtes Spielzeug, was dir als Kind ans Herz gewachsen war?

War da nicht der verfranzte Plüschbär, der Puppenwagen, von dem dauernd die Räder abfielen, das eiernde Dreirad und die Bauklötze, die selten aufeinander liegen blieben?

Spiele mit deinem Lieblingsspielzeug. Du kannst dich dabei auf den Bauch legen oder in die Hocke gehen. Schließe beim Spielen deine Augen.

Wanderung der Gegenwart

10 bis 15 Minuten
Ab 6 Mitspieler

Wir verteilen uns etwa gleichmäßig im Raum. Wir machen eine Wanderung in der Gegenwart. Stapfe mit Riesenstiefeln durch den Sumpf, das Gehen fällt schwer. Dabei bleibst du mehrmals im Morast stecken.

Stolpere die Böschung runter Richtung Meer, springe über grobe Kieselsteine, jetzt der feine Sandstrand und ab ins kalte Nass. Komm den gleichen Weg zurück bis zur Böschung.

Kämpfe dich durchs Gebüsch. Brennesseln versperren dir den Weg. Und da die Waldlichtung: Vogelgezwitscher lädt zum Verweilen ein. Halte inne, ruhe aus. Höre das Rauschen der Baumkronen.

Ein warmer Sonnenstrahl lässt dich erwachen. Es ist Tag, ein neuer Tag: Guten Morgen.

Luftballon

20 bis 30 Minuten
Ab 8 Mitspieler

Wir verteilen uns in etwa gleichmäßig im Raum. Atme langsam durch deine Nase ein und durch den Mund aus. Atme in deinem Rhythmus ein und aus. Bleibe bei dir.

Du wirst zu einem Luftballon. Du bist ein Luftballon. Stell dir einen Luftballon vor, der mit einer kurzen Schnur am Boden gehalten wird. Langsam strömt Luft in deinen Ballon. Du wirst mit kräftigen Stößen dicker und dicker und ganz groß. Du bist ein prall gefüllter Luftballon.

Langsam entweicht die Luft aus dem Luftballon, bis du schlaff auf dem Boden hängst. Wiederhole das Prallwerden und das Erschlaffen mehrmals in deinem Rhythmus. Probiere aus, wie sich ein prall gefüllter Luftballon an einer kurzen Schnur bewegen kann, wie es bei einer ganz langen Schnur ist.

⇨ *Übergang zu Paarübungen*

Trenne dich von der Schnur. Du kannst jetzt schweben und fliegen. Einmal bist du prall gefüllt, dann bist du total schlaff. Mit deinem prallen Bauch stößt du weich mit anderen Luftballons zusammen. Du wirst von einem Windhauch getragen.

Jeder zweite Luftballon wird zu einem Kind. Das Kind spielt mit dem Luftballon. Das Kind freut sich und erfreut andere. Das Kind staunt und spricht eine kindliche Brabbelsprache. Probiere aus, was mit dem Luftballon so alles geht.

Das Kind versucht, Luft in den Luftballon zu geben und aus dem Luftballon wieder rauszukriegen. Die Luft entweicht in Intervallen. Der Luftballon lässt sich mit einer großen Luftpumpe und auch mit dem Mund aufblasen.

⇨ *Ein Ballon für alle*

Jetzt werden alle zu Luftballons. Jeweils zwei Ballons fassen sich an den Händen. Schicke Luft durch deine Hände zu einem anderen Luftballon.

Empfange Luft durch die Hände vom anderen Luftballon. Strömt Luft in dich hinein, wirst du groß, stolz und prall. Der andere Luftballon fällt zeitgleich in sich zusammen.

Jetzt geht die Luft wieder in den anderen Luftballon, füllt den schlaffen Ballon zu einer wohlgeformten Schönheit. Alle verschmelzen jetzt zu einem riesigen Luftballon. Nutze den ganzen Raum.

Eine Windböe kommt auf. Der Riesenballon macht Geräusche, er stampft, er rumort, er ist hungrig, er rauscht und zischt. Plötzlich ist der Luftballon riesengroß und platzt. Die Fetzen fliegen.

Die Ballonreste ziehen sich zu einem Knäuel zusammen. Das Knäuel wird begleitet von Vogelstimmen, von sanften Geräuschen, von einem weichen Wind.

Der neue Ballon wird hin- und hergetrieben. Der Wind gewinnt an Stärke. Es bilden sich orkanartige Böen. Um sich zu retten, bilden sich kleine Ballons mit bis zu vier Mitspielern. Der Wind lässt nach, er wird schwächer und schwächer.

104

Es herrscht Windstille. Die Luft entweicht aus den Ballons. Die Ballons werden schlaffer und schlaffer, legen sich auf den Boden. Die Luftballons schließen die Augen. Die Luftballonglieder werden durchblutet, atmen wieder.

Der Ballon spürt seine Atmung. Der Ballon spürt die Arme, die Beine, den Boden. Der Ballon spürt sein Becken, den Oberkörper, den Kopf. Als neuer Mensch fängt der Ballon an, im Liegen seine Gelenke zu bewegen.

Die vielen neuen Eindrücke machen müde. Bleibe bei dir. Ruh dich aus.

Mondreise

15 bis 20 Minuten
Ab 6 Mitspieler
Leichte Entspannungsmusik empfohlen.

Wir reisen gleich gemeinsam zum Mond. Nimm dazu einen Platz im Raum ein und leg dich mit dem Rücken auf den Boden - dabei verteilen wir uns etwa gleichmäßig im Raum.

Leg deine Arme neben deinen Körper und winkele deine Beine so an, dass du beim Fallenlassen der Beine nach außen bequem liegst. Sofern erforderlich, verändere deine Körperposition. Schließe deine Augen und atme gleichmäßig ein und aus. Atme dabei durch deine Nase ein und durch den Mund aus.

Spanne alle deine Muskeln beim Einatmen an und lass sie beim Ausatmen in einem Stoß wieder los. *Mehrmals wiederholen.*

105

Wir reisen jetzt zum Mond, da das Leben dort leichter klappt, als bei uns auf der Erde - ein Zentner Mais hat auf dem Mond nur noch das Gewicht von einem Laib Brot.

Wir machen uns bereit für den Start und zählen von zehn bis null. Zehn, neun, acht, sieben, sechs, fünf, vier, drei, zwei, eins - Start. Wir schweben über der Erde. Wir gleiten durch die Erdatmosphäre um die Erde.

Wir biegen ab und nehmen auf der Schwebebahn den direkten Weg zum Mond. Wir gleiten und gleiten non stop auf der Schwebebahn. Wir nähern uns dem Mond. Der Mann im Mond erwartet uns schon und hat den Landeplatz für uns ausgeleuchtet. Wir wagen die Landung. Wir haben es geschafft. Wir sind auf dem Mond weich gelandet.

Wir liegen auf einer duftenden Mondwiese, die uns nach der langen Reise willkommen ist. Wir atmen tief durch. Wir haben es geschafft, *wir* sind auf dem Mond.

Zur Erholung schlafen wir erst einmal die Mondnacht durch. Unsere Atmung wird ruhiger und ruhiger. Wir sind mit uns und dem Mond allein.

Am Morgen danach streichelt der Mondwind unser Gesicht. Lass deine Augen geschlossen. Wende deinen Kopf mit dem Mondwind abwechselnd ganz sachte einmal zur linken und einmal zur rechten Seite. *Wiederhole das Kopfwenden mehrmals.*

Die Morgensonne wärmt dich und gibt dir die Energie, die du brauchst. Es keimt in dir die neue Tageskraft. Du fühlst dich entspannt und stark. Atme mehrmals tief durch und mit einem Stoß aus. *Mehrmals wiederholen.*

106

Inzwischen ist das Gras unter dir getrocknet. Du riechst die Graspollen, die leicht an deiner Nase kitzeln. Es ist Mondfrühling.

Du hörst von Ferne den dumpfen Gesang der Mondelche. Sie bemerken dich nicht. Atme mehrmals tief durch und mit einem Stoß aus. *Mehrmals wiederholen.* Du liegst ruhig da und fühlst dich eins mit dem Mond, der dich durch das Weltall trägt.

Die milde Mondluft hat den Geruch frischer Mondminze. Atme weiterhin tief ein und mit einem Stoß aus. *Mehrmals wiederholen.* Dir ist mulmig. Du hast Sehnsucht nach der alten guten Erde. So schön es auf dem Mond auch ist, schöner ist es auf der Erde.

Deine Sehnsucht nach der Erde ist so stark, dass du anfängst zu schweben. Die Mondwolken tragen dich ohne Raumkapsel im Schwebezustand zurück zu deiner Erde.

Du tauchst in die Erdatmosphäre ein, drehst noch ein paar Runden und landest sanft mit den anderen auf der Erde. Atme weiterhin tief ein und mit einem Stoß aus. *Mehrmals wiederholen.*

Du erwachst von deiner Mondreise. Sieh dir deine erwachenden Mitreisenden an. Sie sehen so aus, als hätten sie etwas Geheimnisvolles erlebt.

Vielleicht waren sie auf dem Mond? Würdest du ihnen glauben? Nur du weißt es wirklich. Atme weiterhin tief ein und mit einem Stoß aus. *Mehrmals wiederholen.*

Wie schön ist es doch auf der Erde. Unsere Welt hat uns wieder. Guten Tag! *Etwa zwei Minuten verweilen.*

Gestensprache

10 bis 20 Minuten
8 bis 24 Mitspieler

Wir stellen uns in zwei Reihen mit einem Abstand von drei Metern gegenüber. Am Ende der Reihe macht einer eine einfache Handlung, die sich mit der Gestik leicht ausdrücken lässt:

Schüttel viele Hände. Atme erleichtert auf. Träume gedankenversunken vor dich hin. Sieh erstaunt etwas Unfassbares. Zittere vor Aufregung. Starre entgeistert zur Decke. Runzele die Stirn. Wische Staub vom Fußboden.

Dein Gegenüber nimmt deine Gestik auf und verändert sie leicht. So verstärkt oder vermindert er das Händeschütteln und fügt hierbei eine andere Handlung dazu. Sein Gegenüber übernimmt dann seine Handlung.

Nach drei Durchläufen werden bestimmte darzustellende Eigenschaften vorgegeben. Jeweils eine Reihe stellt die Eigenschaften gemeinsam dar, die anderen schauen zu. Zuerst ist die Eigenschaft mit dem Gesicht und anschließend mit dem ganzen Körper auszudrücken.

⇨ *Die darzustellenden Begriffe*

Mutig, ängstlich, anmaßend, aufmüpfig, verliebt, wütend, teilnahmslos, interessiert, überlegen, behutsam, loyal, nachdenklich, abwägend, erschrocken und aufgeregt. Jetzt werden die Darsteller zu Zuschauern und die Zuschauer zu Darstellern. Von der zweiten Gruppe sind die gleichen Begriffe darzustellen.

Kinderreise

20 bis 30 Minuten
Ab 6 Mitspieler

Wir verteilen uns gleichmäßig im Raum. Geh durch den Raum. Geh langsam und behäbig. Such dir einen Platz, an dem du für eine Weile liegen oder sitzen kannst. Leg (setz) dich hin.

Atme langsam ein und aus. Atme durch die Nase ein und durch den Mund aus. Atme erst dann wieder aus, wenn es dir als notwendig erscheint. Dabei kannst du auch deine Augen schließen.

Weißt du noch, wie es dir als Kleinkind erging? Versetz dich in die Eindrücke, die du als Kleinkind hattest, sofern du dich an sie erinnern kannst. Versuche dich an die erste Zeit zu erinnern oder an die Erzählungen anderer zu deiner ersten Zeit.

Wollten deine Eltern dir auch wirklich den Namen geben oder hatten sie zuerst andere Namen für dich ausgedacht? Was habe ich als Kleinkind besonders gerne gegessen? Wurde ich am Tag oder wurde ich in der Nacht geboren?

Wer war zu deiner Geburtszeit der Regierungschef, welche Lieder hörten die Menschen gerne, was kostete damals ein Liter frische Milch und wieviel ein Kilo Brot?

Gab es außer meiner Mama und meinem Papa auch andere wichtige Menschen aus meiner ersten Zeit, die mir heute noch wichtig sind?

Vielleicht kannst du dich an deine Mama oder deinen Papa nicht mehr erinnern, weil du bei anderen Eltern aufgewachsen

109

bist. Weißt du noch, mit welchem Auto du zuerst gefahren wurdest? Was hat dir als Kleinkind besonders behagt, was hat dir missfallen?

Warst du als Säugling sehr müde oder hast du schon sehr früh gerne ganz viel Quatsch gemacht? Hast du schon mit einem Jahr beim Entenversenken die ganze Wohnung unter Wasser gesetzt?

Vielleicht kannst du dich auch an scheinbar Banales und Nebensächliches erinnern. Oder du möchtest dich gerne auch heute (noch) gerne bei bestimmten Menschen bedanken, weil sie für dich da waren und dich in deiner Entwicklung unterstützt haben.

Lass jetzt für eine Weile deine Gedanken an deine erste Zeit an dir vorbeilaufen. Du hast Zeit. *Etwa fünf Minuten verweilen.*

Du kannst jetzt deine Augen wieder aufmachen und dich mit einem Spielpartner austauschen, sofern du es gerne möchtest.

Erholung

20 bis 30 Minuten
Ab 8 Mitspieler

Wir erholen uns, wo und wie wir wollen. Dazu bilden wir einen großen Kreis. Nacheinander stellt jeder pantomimisch eine für ihn erholsame Tätigkeit dar, die anschließend zu erraten ist.

Deine erholsame Tätigkeit kannst du allein oder mit einem Spielpartner gemeinsam darstellen *(Szene dann mit deinem Spielpartner vorher absprechen)* sowie sie leicht oder auch weniger leicht erratbar mit möglichst wenigen Einzelhandlungen verkörpern.

Beginn deine pantomimische Darstellung mit einer neutralen Ausgangsposition.

⇨ *Beispiele für erholsame Tätigkeiten*

Leicht erratbare Tätigkeiten für einen Darsteller:
Ansichtskarten schreiben. Ausschlafen. Fischen im Teich / am Ufer. Sonnenbaden am Strand. Strandbummel.

Weniger leicht erratbare Tätigkeiten für einen Darsteller:
Heimatfilm im Fernsehen ansehen. Krimi lesen. Schattenboxen. Wandern über Berg und Tal. Wetten abschließen.

Schwer erratbare Tätigkeiten für zwei Darsteller:
Abenteuercamp im Krisengebiet. Bergsteigen im Gebirge. Entspannen zu Hause. Meditation im Kloster. Geländetour durch die Wüste.

Fluss

10 Minuten für den Durchgang
Ab 6 Mitspieler

Wir haben richtiges Badewetter. Wir gehen zum Fluss. Du gehst mit einem Partner oder zu dritt. Du badest, turnst, ölst dich ein, sonnst dich, machst Ballspiele.

Nach kurzer Zeit gibt es einen Knall. Jeder friert in der jeweiligen Bewegung ein. Danach gibt es wieder ein Zeichen und jeder bewegt sich in einer anderen Aktivität weiter.

Szenenwechsel alle zehn bis zwanzig Sekunden.

Gezeiten

10 Minuten
Ab 8 Mitspieler

Wir kennen die Gezeiten Ebbe und Flut. Bei Ebbe fließt das Wasser ins Meer, bei Flut kommt es bis ans Ufer. Wir gehen am Strand spazieren. Jeder macht das nach, was ich mache.

Ich erzähle eine Geschichte. Beim Wort Ebbe werfen wir uns alle auf den Boden. Beim Wort Flut steigen, schreien, laufen wir um unser Leben, springen auf Stühle, auf Tische, auf andere Schultern und verharren so bis auf ein weiteres Zeichen.

⇨ *Strandaktionen bei Ebbe und Flut*

Fleißiges Nasebohren. Hose hochkrempeln. Gürtel enger schnallen. Sich mit staubigem Sand einreiben oder einreiben lassen. Jemanden Huckepack nehmen oder nehmen lassen. Federball spielen. Erste Schwimmversuche. Schneckengehäuse sammeln.

Sandburgen bauen. Sich einbuddeln und verstecken. Um Hilfe schreien. Einen Reigen tanzen. Einen Einsatz der Strandfeuerwehr übernehmen. Uns mit Softeis überfressen. Die ersten Sonnenstrahlen des Tages genießen. Schlangen bilden. Sandkuchen backen. Andere einölen oder sich einölen lassen. Ein Sonnenbad nehmen. Die Flut abwarten.

Egoreise

15 bis 20 Minuten
Ab 8 Mitspieler

Wir bilden zwei gleich große Gruppen. Beide Gruppen stellen sich möglichst weit auseinander gegenüber. Mitspieler A der ersten Gruppe stellt ein Gefühl dar mit dem Körper, der Gangart, der Gestik und mit Geräuschen. Der jeweilige Darsteller konzentriert sich bei seiner Darstellung auf sich.

Mit diesem Gesamtausdruck geht er auf Spieler A der zweiten Gruppe zu.

Spieler A der zweiten Gruppe geht mit dem gleichen Gefühl bis zur Raummitte, friert in seinem Bewegungsfluss ein und geht mit einem anderen Körperausdruck zur ersten Gruppe.

Spieler B der ersten Gruppe geht zuerst mit dem gleichen Gefühl von A der zweiten Gruppe bis zur Raummitte. Jetzt geht er mit einem anderen Gefühl auf Spieler B der zweiten Gruppe zu.

Spieler B der zweiten Gruppe geht mit dem gleichen Gefühl bis zur Raummitte, friert in seinem Bewegungsfluss ein und geht mit einem anderen Körperausdruck zur ersten Gruppe (...) usw.

Die Mitspieler der ersten Gruppe gehen beim ersten Durchgang zur zweiten Gruppe. Die Mitspieler der zweiten Gruppe gehen zur ersten Gruppe.

Danach übernehmen die Mitspieler der zweiten Gruppe den jeweils ersten Gang zum eingegebenen Gefühl. Jeder Mitspieler sollte mindestens vier Durchgänge haben.

⇨ *Darzustellende Begriffsabfolge*

Traurig, aufgeregt, mutig, verträumt, überheblich, angeheitert, aufsässig, anmaßend, verschlossen, entgeistert, aufgebracht, entschlossen, wütend, mürrisch, unbeholfen, verwegen, freundlich, vergesslich und zackig.

Dein Tag

15 bis 20 Minuten
Ab 8 Mitspieler

Wir bilden einen Kreis. Heute ist *dein* Namens-, Geburts-, Vater-, Kinder- oder Muttertag. Reihum gratuliert dir der Spielnachbar zu deiner linken Seite zu deinem Tag. Einige dich mit deinem Spielnachbarn vorher über den Anlass deines Tages.

Die Form der Gratulation kannst du dir bei deinem Spielnachbarn wünschen, auch wenn die Wunscherfüllung manchmal schwerfällt.

Du kannst dir beispielsweise wünschen: Ein Ständchen, eine Balletteinlage, ein selbstgemachtes Gedicht mit einer Verbeugung, einen tiefen Blick in die Augen, eine Umarmung oder auch einen gemeinsamen Spaziergang im Raum.

Gratuliert werden kann dir nur mit Worten und mit Verhalten.

Das Überreichen von Gegenständen oder das Anstimmen von Happy Birthday-Gesängen ist ausgeschlossen. Bei einem fortlaufenden Gruppenangebot kann an jedem Tag jeweils ein Mitspieler auch ohne realen Anlass beglückwünscht werden.

Luftschiff

10 bis 15 Minuten
Ab 8 Mitspieler

Wir machen jetzt im Weltraum eine lange Reise mit unserem Luftschiff. Natürlich hast du bereits dafür deinen superweichen Astronautenanzug angezogen, schließlich willst du dich ja nicht erkälten oder an einer harten Kante verletzen. Du steigst vorsichtig durch eine schmale Luke in unser Luftschiff. Das Luftschiff hat viel Platz für uns alle.

Alle Wände, der Boden und die Decke sind mit einer dickflauschigen Decke gepolstert. Dein Astronautenanzug fühlt sich wie deine zweite weiche Haut an.

Schließ die Augen, mach es dir bequem *(auf den Boden legen oder im Lotussitz hinsetzen)*. Gleich hebt unser Luftschiff ab. Zehn, neun, acht, sieben, sechs, fünf, vier, drei, zwei, eins - null. Sachte schwebt unser Luftschiff von der Erde ab.

Reise in deiner eigenen Vorstellung durch das Weltall. Dabei landest du auch auf dem Mond. Du kannst auf dem Mond beispielsweise eine kräftige Mondstaubbrühe zu dir nehmen, grüne Steine sammeln oder auch aus der Ferne die Erde betrachten.

Mehrere Minuten die Mitspieler in Ihrer Reisevorstellung lassen. Während der Übung wird geschwiegen.

Jetzt reist du im Luftschiff zur Erde zurück. Behutsam kreist du ein letztes Mal um die Erde und nimmst Kurs zu deiner Startstelle. Du landest. Du bist angekommen. Öffne deine Augen. Steige aus dem Luftschiff so aus, wie du eingestiegen bist.

116

Zehntes Kapitel: Spiele zum Ausklang

Zum Spieleinsatz 118
Gefühlsspiegel 119
Sonnenstrahlen 119
Herbeiblinzeln 120
Knotenlösen 120
Servus 121
Blickekreisen 121
Lieblingssatz 122
Wagenrad 123
Bodenpost 123
Kreissehen 124
Kreistragen 125

Zum Spieleinsatz

Auch bei den schönsten Entspannungsspielen gibt es ein Auseinandergehen. Die *Spiele zum Ausklang* sind ohne Spielbesprechung zum Spielende einzusetzen. Jedes Spielende kann so als Botschaft die Vorfreude „bis zum nächsten Mal" mit auf den Weg gegeben werden.

Gefühlsspiegel

20 Minuten
6 bis 20 Mitspieler

Wir bilden Spielpaare. Sieh deinen Partner an. A spiegelt die wahrnehmbaren Ausdrücke von B. Nach etwa zehn Minuten spiegelt B den Gefühlsausdruck von A. Lass dir Zeit, einen Gefühlsausdruck entstehen zu lassen, der dir auch entspricht.

Lass dir auch die Zeit, um den Gefühlsausdruck deines Partners aufnehmen und ihn spiegeln zu können. Halte Blickkontakt mit deinem Partner.

Sonnenstrahlen

10 Minuten
6 bis 10 Mitspieler pro Spielgruppe

Wir bilden einen Kreis mit sechs bis zehn Mitspielern. Sind mehr da, werden entsprechend mehr Kreise gebildet. Wir fassen uns an den Hüften und bilden einen riesengroßen Schneeberg.

Die Sonne kommt nach und nach mit ihrer Mittagsglut. Für uns ist das eine Katastrophe. Wir schmelzen, fallen zusammen. Unser Schneeberg wird kleiner, enger und enger, wärmt sich schließlich an den warmen Sonnenstrahlen.

Wir legen uns kreuz und quer, halten die Hüftverbindung bei.

Herbeiblinzeln

10 bis 15 Minuten
Ab 12 Mitspieler

Wir bilden einen Innen- und einen Außenkreis. Die Mitspieler des Innenkreises setzen sich auf Stühle. Ein Platz bleibt dabei frei. Die anderen Mitspieler stellen sich hinter die Stühle des Innenkreises. Das sind die Aufpasser.

Die Mitspieler neben dem freien Stuhl versuchen, einen anderen aus dem Innenkreis herbeizublinzeln. Das ist sauschwer, da der Aufpasser das verhindern will.

Vielleicht lassen sich die Aufpasser zuerst mit einigen Täuschmanövern nerven und dann kommt der Ernst. Einer blinzelt offen die Aufpasser an, der andere blinzelt unscheinbar.

Rollentausch nach mehreren geglückten Ausbrüchen.

Knotenlösen

10 Minuten bei zwei Durchgängen
8 bis 16 Mitspieler pro Knäuel

Einer geht aus dem Raum. Er soll anschließend einen Menschenknoten lösen. Alle anderen Mitspieler fassen sich an den Händen und machen einen Knoten. Dazu gehen sie unter- und übereinander her, bis sie miteinander fest verknotet sind.

Mehrere Durchgänge möglich.

Servus

5 Minuten
Ab 8 Mitspieler

Wir bilden einen Kreis und klatschen uns leise Servus. Jeder klatscht erst sachte. Horche auf deine Spielpartner zu deiner rechten und zu deiner linken Seite. Schaue sie an.

Nach und nach einigen wir uns auf einen gemeinsamen Rhythmus beim Servusklatschen. Der Rhythmus geht reihum. Zuerst klatscht einer, dann klatschen zwei, dann klatschen drei Mitspieler reihum gemeinsam einen Rhythmus.

Jetzt klatscht jeder reihum mit der gleichen Lautstärke und Klatschabstand den gleichen Rhythmus. So sagen wir uns klatschend Servus. Du kannst im Rhythmus mitsummen. Sieh reihum deine Mitspieler an. Langsam verstummt das Klatschen und das Summen, und wir sagen uns damit leise Servus.

Blickekreisen

3 bis 5 Minuten
Ab 10 Mitspieler

Wir bilden einen großen Kreis. Fass deine Spielpartner zu deiner linken und rechten Seite an den Händen. Sieh dir reihum deine Mitspieler an. Du hast Zeit. Du kannst beim Blickekreisen bei einzelnen Mitspielern auch etwas länger verbleiben.

Drück die Hände deiner Spielnachbarn - und Tschüs.

Lieblingssatz

10 Minuten
Ab 6 Mitspieler
Leichte Entspannungsmusik empfohlen.

Wir legen uns bequem mit leicht angewinkelten Beinen und Armen flach auf den Boden. Die Handinnenseiten liegen dabei nach unten. Schließe deine Augen.

Rufe dir ein Lieblingswort oder einen Lieblingsatz des heutigen Tages in Erinnerung. Natürlich kann das Lieblingswort oder der Lieblingsatz auch eine für dich beeindruckende Begebenheit sein.

Konzentriere dich auf das Lieblingswort oder auf den Lieblingsatz. Bleibe bei dir. Du hast Zeit zur Sortierung deiner Eindrücke und Vorstellungen, ohne sie gleichzeitig einzufärben und zu bewerten.

Mindestens fünf Minuten verweilen.

Balle beim Einatmen deine Hände zu Fäusten und lass sie beim Ausatmen wieder los. Wiederhole die Faustbildung mehrmals entsprechend deiner Atmung. Strecke gleichzeitig beim Ausatmen deinen Körper. Öffne deine Augen.

Wenn du es wünschst, kannst du jetzt auch einem anderen Mitspieler deine Eindrücke erzählen. Ebenso kann ein anderer Mitspieler dir seine Eindrücke vermitteln, wenn er es möchte. Vermeide dabei Deutungen deiner Eindrücke.

Wagenrad

5 Minuten
Ab 8 Mitspieler

Wir nehmen uns fest an die Hand und gehen im Uhrzeigersinn im Kreis. So dreht sich ein riesengroßes Wagenrad. Das Wagenrad wird kleiner und kleiner, bis es ganz eng geworden ist. Wir bleiben stehen und lassen dabei unsere Hände los.

Dreh dich zu deiner linken Seite. Jetzt stehst du hinter dem Rücken deines linken Mitspielers. Hinter dir steht dein rechter Mitspieler. Fasse deinen vorderen Mitspieler mit deinen Händen fest an seine Taille. Jetzt gehen wir alle ganz langsam in die Hocke und setzen uns auf den Schoß des hinteren Mitspielers.

Wir stellen uns wieder hin und fassen uns wieder fest an die Hände. Wir gehen links herum im Kreis. So dreht sich unser großes Wagenrad ein zweites mal. Zuerst ist das Wagenrad ganz klein. Jetzt wird das Wagenrad größer und größer, schneller und schneller. Ist das Wagenrad ganz groß, bleiben wir stehen und stellen uns zur Kreismitte hin. Was jetzt noch bleibt? *Tschüss - bis zum nächsten Mal!*

Bodenpost

5 bis 10 Minuten
Ab 12 Mitspieler

Wir legen uns auf dem Rücken nebeneinander in einer Reihe hin. Die Arme legen wir dabei U-förmig links uns rechts seitlich neben den Kopf. Die Knie liegen leicht angewinkelt und sind nach links abgelegt. Dabei ist der Kopf nach rechts gedreht.

Nun senden wir die Bodenpost. Die Bodenpost beginnt beim links liegenden Mitspieler. Er dreht seinen Kopf nach links und wendet dabei gleichzeitig seine Beine zur rechten Seite. Damit gibt er seinem rechts liegenden Spielnachbarn ein Zeichen zum Wenden seines Kopfes und seiner Beine.

Nach einer Weile ist die Bodenpost beim rechts Liegenden angekommen und so geht die Post seinen umgekehrten Weg von rechts nach links.

Die Bodenpost kann mehrmals wiederholt werden.

Kreissehen

5 bis 10 Minuten
Ab 10 Mitspieler
Die Mitspieler sollten sich untereinander kennen.

Wir verabschieden uns. Dazu bilden wir einen Innen- und einen Außenkreis. Stell dich in dem Kreis mit einem Abstand von einer Armbreite vor einen Mitspieler, ohne dabei zu sprechen.

Sieh deinen Spielpartner an und verabschiede dich mit deinem Gesichtsausdruck von ihm und reagiere mit deinem Gesichtsausdruck auf ihn. Nach einer Weile wandern die Mitspieler des Innenkreises einen Mitspieler weiter nach rechts und verabschieden sich vom nächsten Mitspieler.

Kreistragen

5 Minuten
Ab 10 Mitspieler
Die Teilnehmer sollten miteinander bekannt sein.

Wir bilden einen großen Kreis. Stell dich mit einem festen Bodenkontakt mit leicht auseinander gespreizten Beinen mit dem Blick zur Kreismitte hin. Umfasse die Handgelenke der neben dir stehenden Spielpartner.

Lehn dich behutsam und langsam nach hinten. Lass deine Augen offen. Lehn dich vorsichtig zurück, damit du vom Kreis getragen werden kannst.

Nun darfst du gemeinsam mit deinen beiden Spielnachbarn mutiger werden. Hauptsache: Keiner darf mit einem Kreisbrechen zu Fall kommen. *Geh in deine Ausgangsposition zurück, wenn es dir flau vor deinen Augen wird.*

Lehn dich immer weiter zurück und halte dabei dein Gespür für deine Spielnachbarn. *Beim festen gemeinsamen Zusammenhalt kann ein Gefühl des Getragenwerdens oder sicheren Luftschwimmens aufkommen.*

Nach mehreren Minuten: Geh behutsam wieder zurück in deine Ausgangspostion.

Spieleregister

Abstraktaction 90
Armspannung
- *Grundform* 13
- *Variation* 14
Aufstehen
- im Kreis 55
- zu zweit 55
Aufwachen 27
Begrüßungsgeschenk 24
Bewegungsgegensätze
- *Aufbauform* 39
- *Grundform* 38
Blickekreisen 121
Blickwinkel 89
Blindkontakt
- *Grundform* 82
- *Variation* 82
Blitzschnell 43
Bodenflug 45
Bodenpost 123
Bodenstrecken 44
Comic 40
Dein Tag 115
Detektiv 46
Doppelkreis
- *sehen* 95
- *tasten* 95
Doppelszene
- *Grundform* 99
- *Variation* 100
Echo 60
Egoreise 113
Erholung 111
Fallenlassen 50
Fallkerze 49
Fingerkreisen 34
Fischgräte 92
Fluss 112

Führen
- *Grundform* 75
- *Variation* 76
Gefühlsspiegel 119
Geheimgruß 16
Gesichtsfühlen 73
Gestensprache 108
Getragen werden 52
Gezeiten 112
Gleichgewicht 49
Gruppeneinstieg 20
Handauflegen 83
Hände sehen 86
Herbeiblinzeln 120
Kauen und summen 62
Kinderreise 109
Knappen 84
Kniemorsen 56
Knotenlösen 120
Komm 72
Kopfhalten 94
Körperentspannung 30
Körperlüften 23
Körperreise 67
Körperwahrnehmung 93
Krabbelgruppe 51
Kreisen 17
Kreissehen 124
Kreistragen 125
Kunstwerk 96
Lieblingssatz 122
Liegekreis 27
Luftballon 103
Luftschiff 116
Mondreise 105
Morgenräkeln 18
Muskelspannung 32
Öffnen 28

Paarspiegel 54
Partnerdrücken
- *Aufbauform* 42
- *Grundform* 41
- *Variation* 42
Partnergleichgewicht 71
Pendelatmung
- *Aufbauform* 29
- *Grundform* 29
Platzeinnahme 15
Puppengruß 15
Raumkörper 22
Rhythmusgehen 63
Rückendrücken 41
Rückenklopfen 69
Rückenlegen
- *Grundform* 70
- *Variation* 70

Satzbotschaft 59
Schütteln 37
Schweben 78
Seebärengrätschkette 85
Servus 121
Sonnenstrahlen 119
Tastkontakt 81
Tonfunk 61
Wachsen 77
Wagenrad 123
Wanddrücken 19
Wanderung
- der Gegenwart 102
- der Kindheit 101
Was hörst du? 64
Zeitlupe 53
Zeitlupenkontakt 84

Spielebücher
von Josef Broich

Anwärmspiele
über einhundertdreißig Gruppenspiele
160 Seiten, ISBN 3-88735-016-2
Entspannungsspiele
über einhundert Gruppenspiele zu Ruhe,
Bewegung, Stille
128 Seiten, ISBN 3-88735-015-4
Gruppenspiele anleiten
Vorbereitung und Durchführung
128 Seiten, ISBN 3-88735-014-6
Körper- und Bewegungsspiele
über einhundertdreißig Gruppenspiele
160 Seiten, ISBN 3-88735-017-0
Phantasiespiele für Gruppen
über einhundert neue Spiele
mit Bewegung, Körper, Kontakt
128 Seiten, ISBN 3-88735-010-3
Rollenspiel-Praxis
Vom Interaktions- und Sprachtraining
bis zur fertigen Spielvorlage
128 Seiten, ISBN 3-88735-018-9
Seniorenspiele
über einhundert neue Gruppenspiele mit
Bewegung, Kontakt, Vergnügen
128 Seiten, ISBN 3-88735-012-X
Spielspaß mit Kindern
über einhundert Kinderspiele mit
Bewegung, Spannung, Action
128 Seiten, ISBN 3-88735-011-1
Sprachspiele Gruppenspiele mit Körper
und Stimme
128 Seiten, ISBN 3-88735-009-X

Köln-Bücher

Franzosen in Köln 1794 bis 1815
80 Seiten, ISBN 3-88735-207-6
**Kölns Geschichten, Sagen
und Legenden**
80 Seiten, ISBN 3-88735-203-3
Rheinsagen
Geschichten entlang des Stromes
80 Seiten, ISBN 3-88735-204-1
So war die Eifel
Sagen, Sitten und Gebräuche
ISBN 3-88735-208-4

Spiel und Theater

Josef Broich **Spiel-Bibliographie [1]**
Literaturnachweis 1980 bis 1994
Bibliographisches Handbuch
zu Spiel, Bewegung, Animation
336 Seiten, ISBN 3-88735-107-X
Josef Broich **Spiel-Bibliografie 2**
Literaturnachweis 1995 bis 1998
Bibliografisches Handbuch zu Spiel,
Bewegung, Animation
320 Seiten, ISBN 3-88735-110-X
Josef Hense / Heiner Kötter /
Ulrike Türk: **Circusspiele**
Ideen für die Circuspraxis
Kölner Spielecircus e.V. (Hrsg.)
160 Seiten mit zahlreichen Abbildungen
ISBN 3-88735-013-8
Theo König **Zwischen Himmel
und Ehrenfeld**
nach dem gleichnamigen Theaterstück
des Kölner Spielecircus e.V.
96 Seiten, ISBN 3-88735-206-8
Jakob Jenisch **Szenische Spielfindung**
Gruppenspiele und Improvisationen
Josef Broich (Bearbeiter)
80 Seiten, ISBN 3-88735-008-1
Platon M. Karschenzew
Das schöpferische Theater Reprint
242 Seiten, ISBN 3-88735-007-3

Familienbildung

Familienbildung heute
Perspektiven oder Luxus. Dokumentati-
on Stadt Köln, Jugendamt / Interkultu-
reller Arbeitskreis Migration und psy-
chische Gesundheit e.V. (Hrsg.)
176 Seiten, ISBN 3-88735-109-6

Kunsttherapie

Praxisfelder Kunsttherapie
Wolfgang Domma (Hrsg.)
mit zahlr. Fotos und Abbildungen
176 Seiten, ISBN 3-88735-106-1

MATERNUS
Severinstr. 76, D-50678 Köln, Tel. (0221) 32 99 93, Fax 31 13 37